昭和～平成

京阪電気鉄道 沿線アルバム

解説　辻 良樹

8000系は1989（平成元）年に登場。京阪6代目の特急専用車両。鴨東線開業によって京都のより先まで直通することになり、大阪～京都間の移動を快適な京阪特急で移動する乗客が増加し、3000系に比べて豪華な8000系の人気が高く、3000系への置き換えのために8000系が増備されていった。◎寝屋川車庫　1997（平成9）年9月4日　撮影：小賀野 実（RGG）

鴨川のほとりを600V車の1300系が走る。1300系は終戦後の1948（昭和23）年より導入された運輸省規格型電車である。写真当時は中書島より南の本線へ入線することはごく少なく、支線の宇治間などの運用でよく見られた。1983（昭和58）年12月の1500V昇圧により引退を迎えた。
◎五条〜七条　1976（昭和51）年７月15日　撮影：荒川好夫

はじめに

　大阪と京都を淀川右岸に沿って結ぶ京阪。古くからの宿場町などをつなぐ路線でカーブが比較的多く、直線的なJRや阪急京都線に比べて所要時間が掛かり、昔からアイデアで利用者のニーズをつかんできた。

　台車などの工夫による走行性能向上のほか、転換クロスシートによる特急の運転開始。次々に登場した特急用専用車両が京阪の歴史を彩った。車内にテレビを搭載するという物珍しいサービスも一時代を築き、テレビカーといえば京阪という時代が長く続いた。鳩マークの特急は関西私鉄ファンの憧れであり、平成になるとダブルデッカーも登場した。

　京阪は元々通勤形車両よりも特急用専用車両の開発に重きを置き、ニューフェイスが登場すると、次第に先代の特急用車両を一般車へ格下げし、ロングシート化や3扉改造を行ってきた。そのため特急色だった車両が一般色へ塗色変更されて走る姿がよく見られ、特急用からの格下げ車で通勤車両を捻出するパターンが続いたが、高度経済成長期の沿線人口急増による輸送力増強時代に入ると、そのような格下げ車メインではさばき切れなくなり、やがて卵型電車と呼ばれる通勤形に特化した車両や多扉車の5000系も登場するようになった。本書ではオールドファンの皆様の写真を多く掲載し、その過程も写真で楽しめるよう構成してある。

　京阪にとって、京阪線系統のほかに京津線や石山坂本線の存在も大きい。京阪線系統とは全く異質の路線であり、急勾配で京都府と滋賀県を結び、併用軌道が今なお存在感を放っている。京津線の一部区間が京都市営地下鉄東西線の開通で廃止となり、今日では大阪と浜大津が線路で直結していたことも昔語りとなったが、古くは流線型60型「びわこ号」が天満橋～浜大津間を直通し、びわ湖の観光に大きく寄与した。そして、京津線の各駅停車用として開発された高性能な吊りかけ駆動車の80形が登場。また、260形や300形による三条～石山寺間の直通運転も今や懐かしい。昔日の浜大津駅界隈の賑わいも本書で感じられる。

　京阪ファンの皆様に愛される1冊になれば幸甚の至りである。

2021年8月　辻 良樹

60型「びわこ号」。特徴的な流線形車体で、日本で初めて連接構造を採り入れた。1934（昭和9）年製。京阪本線と京津線が直通運転を行っていた華やかなりし頃を伝えている。60型63編成がひらかたパークで展示され、写真当時は修復のため寝屋川工場に居た頃。撮影年月日を見ると、ひらかたパークへ戻る少し前のようだ。
◎寝屋川車庫　1996（平成8）年6月4日　撮影：焼田 健（RGG）

1章
カラーフィルムで記録された
京阪電気鉄道

200形の急行石山寺行。100形の主制御器を更新した200形は連結運転が可能になった。当時は京津線と石山坂本線を直通する急行に運用され、石山寺へ訪れる観光客も多く利用した。写真は旧の京阪石山駅を唐橋前方面へ発車してすぐのカーブを曲がり切った後の踏切だと推察するところ。
◎京阪石山～唐橋前　1958（昭和33）年12月28日　撮影：J.WALLY HIGGINS（NRA）

京阪電気鉄道の沿線案内図

（所蔵・文：生田誠）

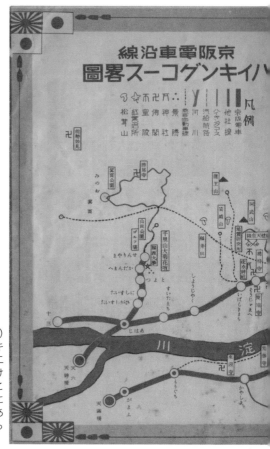

【京阪電車沿線ハイキングコース略図（昭和戦前期）】
国旗がアレンジされた、京阪、新京阪（現・阪急京都線）の沿線案内図で、時局柄か、健康増進のためのハイキングコースが中心に紹介されている。京都、大阪の二大都市を結ぶ京阪本線だが、その間には手軽に出掛けることができた山歩き、川下りの場所が多数あったことが示されている。中央下に見える磐船神社方面に向かう現在の交野線がこの当時、信貴生駒電鉄線であり、本線との接続駅が枚方東口（現・枚方市）駅だったことがわかる。

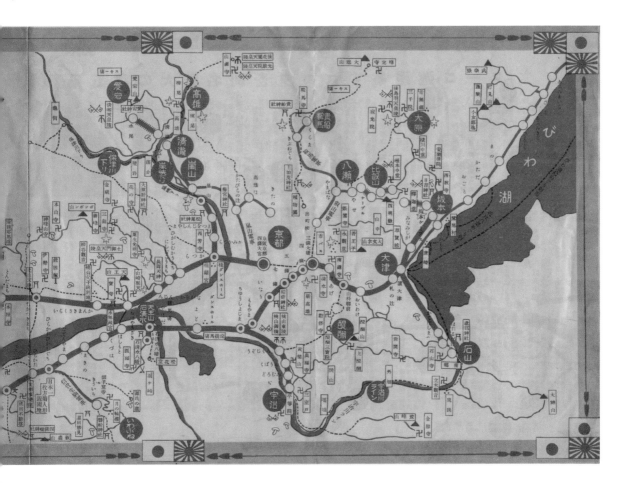

【新緑の京阪電車沿線案内図（昭和戦前期）】
現在ほど、長距離の通勤・通学客が多くなかった昭和戦前期、京阪間において、ライバルの省線（現・JR）と激しい集客争いを繰り広げていた京阪では、行楽シーズンの利用者に向けて、さまざまなPR資料を配布していたようだ。これもそのひとつで、気候の良い春の時期に沿線の行楽地へ出掛ける人を対象にした沿線案内図である。ひらかた遊園のある京阪本線に対して、新興の新京阪（現・阪急京都線）沿線では、各地のいちご園が強調されている。

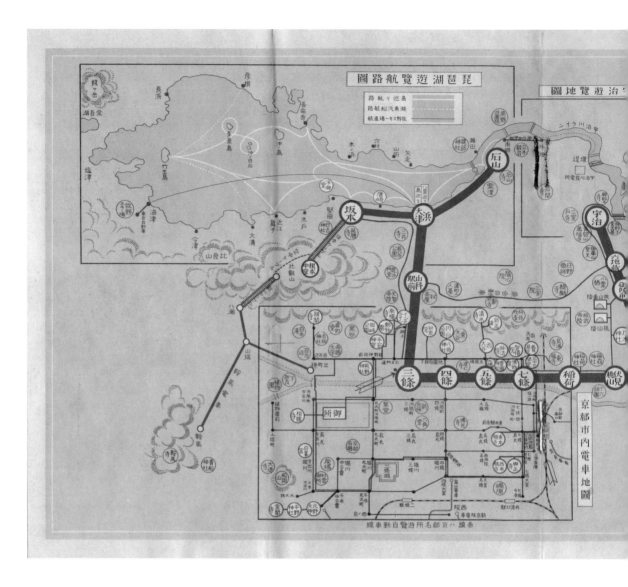

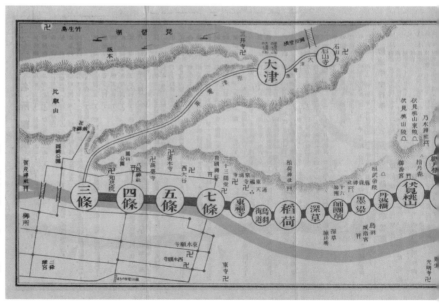

**【京阪電車御案内
（大正後期〜昭和初期）】**
1922（大正11）年に開業した運動
場前（後の豊野）駅が描かれており、
1929（昭和４）年に開業の御殿山駅
はないことから、大正後期〜昭和初
期の京阪路線図と思われる。京阪線
の下には、鴨川、桂川、淀川と名称を
変えてゆく、淀川水系の流れが水色
の太い線で描かれている。京阪線は、
途中の淀〜八幡（現・石清水八幡宮）
間で、同じ淀川水系の宇治川、木津
川を越えることとなる。この頃は、
巨椋池も存在していた。

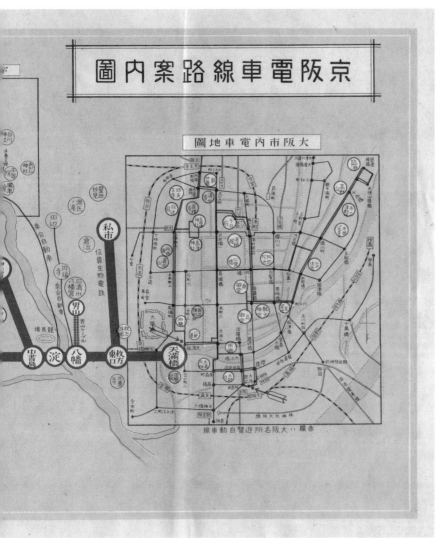

【京阪電車線路案内図（昭和戦前期）】
大阪、京都という本線の起終点となる二大都市の電車地図に、宇治線、京津線という支線の遊覧図を組み合わせた、ユニークな形の京阪路線図である。特殊な形であるため、京阪間の中間部分はかなり省略されている。上流にあたる琵琶湖から流れ出る疏水、鴨川に沿って京都から大阪方面に向かう京阪本線と大津から京都方面へ向かう京津線は、おのおの同じく琵琶湖から流れ出た瀬田川、宇治川、淀川の南西に進むこととなる。その意味でも、おもしろい構成である。

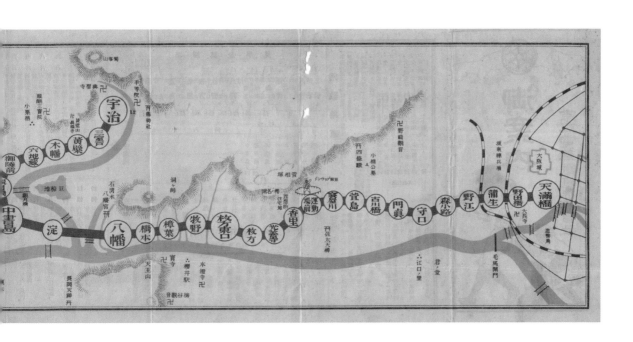

京阪電気鉄道の沿線絵葉書

（所蔵・文：生田誠）

【鴨川沿い（昭和戦前期）】
鴨川べりの地上を１両の車両で走っていた頃の風景である。奥に見える四条大橋は、1913（大正２）年、京都市三大事業の一環として架け替えられた鉄筋コンクリートアート橋で、堂々たる姿を見せている。左に建つのは現在も営業を続ける中華料理の名店「東華菜館」。その左は老舗料亭「ちもと」で、ともに川床を出している夏の景色。

【五条付近（昭和戦前期）】
これも１両の車両が走る五条（現・清水五条）駅付近で、手前に架かる五条大橋が木橋だった時代である。その左にある水路は、疎水との間で水量を調整するもの。太平洋戦争の末期に拡張される前の五条通は、この写真のような狭い道路だった。地上駅で始まった五条駅は、1910（明治43）年４月の京阪本線開通時の起終点駅だった。

【淀駅（明治後期〜大正初期）】
現在の淀駅は、JRA京都競馬場の拡大に合わせて、その姿を大きく変化させている印象がある。その京都競馬場の開場は1925（大正14）年であり、この写真の淀駅は拡張前の鄙びた姿で、奥側が京都行きのホームとなっていた。さらに奥に見えるのは淀城址で、淀の方ゆかりの城として知られている。現在は、島式ホーム２面４線の高架駅である。

【淀川橋梁（明治後期）】
橋梁を渡る京阪1型電車（18番）で、この川を渡る1型電車の姿は、かなりの数の絵葉書となって残されている。路線図からも見て取れるように、京阪本線は、当時の京都側の起終点だった三条駅を出て鴨川の左岸を進んだ後、宇治川、木津川を越えて今度は下流にあたる淀川の左岸を枚方方面に進んで、やがて大阪側の起終点だった天満橋駅に至る。従って、絵葉書に記されている「淀川」は、「宇治川」「木津川」の橋梁を指すと思われる。

【三条駅（昭和戦前期）】
東海道五十三次の終点である三条大橋。橋の下流、左岸に置かれているのが京阪本線の京都側の起終点、三条駅である。隣の四条、五条駅が観光客用に駅名を改称した現在も、この駅の名称は変わっていない。しかし、もちろんこの時期は地上駅であり、京津線との接続駅でもあった。現在は地下化されて、途中駅に変わっている。

【四条駅（昭和戦前期）】
中央付近のレストラン「菊水」、上方歌舞伎の殿堂「南座」の姿は、現在もほぼそのままであるが、この地上駅の四条（現・祇園四条）駅の姿はもう見ることができない。さらに京阪本線と平面交差していた、京都市電四条線も廃止されて久しい。地上時代の四条駅は、四条通を挟んで下りホームは北側、上りホームは南側と千鳥配置になっていた。

京阪本線

写真は天満橋～京橋間の寝屋川を渡る
600型の様子。元は優等列車用のロマ
ンスカー1550型で転換クロスシートを
備えた車両だった。1929（昭和4）年に
1550型から600型に形式改称。増備車
の1580型は700型となった。戦時中か
ら戦後にかけて各車がロングシート化
され、長く運用された。
◎天満橋　1958（昭和33）年8月31日
撮影：J.WALLY HIGGINS（NRA）

正月の臨時特急で活躍した元特急車の1900系。1900系は3000系の登場によって一般車へ格下げされ、中間に乗降扉を増設
した片側3扉のロングシート車となっていたが、元特急車とあって安定した走りを見せ、多客時の臨時特急にも運用されてい
た。◎野江　1979（昭和54）年1月1日　撮影：服部重敬

野江のストレートとして撮影者に知られる区間。2200系の急行が駆ける。赤に白抜き文字の急行標識と淀屋橋、三条の表示が京阪旧塗色のカラーによく似合う。かつての急行と言えば、このような姿が思い浮かぶ。
◎野江　1979（昭和54）年1月1日　撮影：服部重敬

流線型の1000型1004が写る。1000型や1100型は片側のみ流線型の両運転台車で独特なスタイルだった。転換クロスシートを備えた1000型に対して、1100型は当初からロングシート仕様であった。1000型は1956（昭和31）年に流線型を残しつつ、反対側の運転台を撤去し、ロングシート化されている。写真はその改造後の姿。
◎関目　1958（昭和33）年12月26日　撮影：J.WALLY HIGGINS（NRA）

急行標識を付けた1200型1204が先頭で走ってくるシーン。1000型系列の1200型は、両運転台車で、戦中の1943（昭和18）年製。戦中の製造ということで、戦前製に比べて簡素な設計となった。転換クロスシートではなくロングシートが採用された。◎関目　1958（昭和33）年12月26日　撮影：J.WALLY HIGGINS（NRA）

関目駅は京橋駅から2つ目の駅。複々線化は1933（昭和8）年12月だった。写真は、停車中の淀屋橋行普通の2000系と通過する急行の700系。2000系は卵型電車と初めて呼ばれた形式だ。
◎関目　1973（昭和48）年10月20日　撮影：荒川好夫（RGG）

1000系「はな号」。その名からわかるように、1990（平成２）年に鶴見緑地で開催された国際花と緑の博覧会（通称：花博）協賛の装飾車両。写真は1001編成で、花博開催の前年から運行された。
◎森小路〜千林
1990（平成２）年２月25日
撮影：松本正敏（RGG）

「びわこ連絡」の副票付き3000系特急。
三条で京阪京津線に接続、京阪系の琵
琶湖汽船遊覧船とのアクセスを図った。
ちなみにクラッシックタイプとして
2012(平成24)年に復刻された旧3000
系の編成に「びわこ連絡」の副票を取
り付けて運行されたこともあった。
◎森小路〜千林
1983(昭和58)年10月25日
撮影：森嶋孝司(RGG)

初代の特急専用車両として登場した1700系。写真は末期の頃で3扉化、一般色化による通勤車格下げ時代。区間急行で運用
された思い出のシーンである。撮影の年、1983（昭和58）年の12月をもって全車廃車され解体となった。
◎千林〜森小路　1983（昭和58）年10月25日　撮影：森嶋孝司（RGG）

2400系による「ひらかた大菊人形」副票付きの急行。2400系は1969（昭和44）年登場の2200系の改良型。「ひらかた大菊人形」は、京阪の催しで、ひらかたパークで開催されていた恒例行事だった。毎年その時期になると菊人形の華やかなCMをよく見掛けた。◎千林〜森小路　1983（昭和58）年10月25日　撮影：森嶋孝司（RGG）

2200系は、2000系の急行バージョンとして誕生。いわゆる卵型と呼ばれるモノコック構造。高度経済成長期に登場し、天満橋〜淀屋橋間延伸による需要拡大をカバーした。写真は、急行標識と並び「ひらかた大菊人形」の副票を掲出して走るシーン。
◎千林〜森小路　1983（昭和58）年10月25日
撮影：森嶋孝司（RGG）

こちらはやや年代が古い頃の「ひらかた大菊人形」マーク掲出シーンで、600系の急行が写る。600系は、1960年代前半に順次登場した形式で、初代600型の主要機器を活かして18m級の全金属車体を載せた3扉車だった。
◎千林〜森小路　1976（昭和51）年7月15日　撮影：荒川好夫（RGG）

特急専用車として5代目にあたる3000系。写真は1971（昭和46）年竣工の3002ほか。3000系は冷房付の特急専用車で、白黒テレビではなくカラーテレビが装備され、登場当時は非冷房の旧型の特急車を見送り、この3000系まで待つ利用客も居たほどであった。◎千林〜森小路　1976（昭和51）年7月15日　撮影：荒川好夫（RGG）

複々線を走る600系。600系は高度経済成長期の利用客増に対応して1960年代に更新増備された形式。3扉の全金属車体を
台枠から製造し、旧型の主要機器を活かした更新車。新製した車体により、混雑する駅での乗降扉位置の統一にも寄与した。
◎滝井　1966（昭和41）年12月30日　撮影：J.WALLY HIGGINS（NRA）

1700系格下げ車による急行。元は初代特急専用車だった。特急色から一般色化され、ロングシート化、さらに中間に乗降扉を増設して3扉車に。このパターンは3000系を除く歴代特急専用車のパターンで、性能が向上した特急専用車が登場すると、順次通勤型へ格下げされていった。◎滝井　1966（昭和41）年12月30日　撮影：J.WALLY HIGGINS（NRA）

3代目特急専用車として登場した元1810系の1900系1910。1810系が4代目特急専用車1900系へ編入したことで1910へ改番した。初めから1900系として製造された車両とは同じ1900系でもスタイルが異なった。元1810系や1900系新車ともに、後に格下げ改造され、一般色化やロングシート化、3扉化が施工されている。
◎滝井　1966（昭和41）年12月30日
撮影：J.WALLY HIGGINS（NRA）

2200系の準急。2200系も高度経済成長期の利用客急増をうけて製造された形式。2200系の登場は東京オリンピックと同年の1964（昭和39）年。先に登場した卵型スタイルの2000系の後に製造され、2000系の急行用という位置付けであった。
◎滝井　1966（昭和41）年12月30日
撮影：J.WALLY HIGGINS（NRA）

沿線の人口急増とともに通勤に特化した本格的通勤型電車として開発されたのが2000系。両開き扉が3箇所並ぶ通勤型は、それまで特急専用車の格下げ改造で通勤需要をカバーしてきた京阪にとって画期的なことだった。
◎滝井　1966（昭和41）年12月30日
撮影：J.WALLY HIGGINS（NRA）

土居駅は、1980（昭和55）年に守口市駅側が完全高架駅に。1992（平成4）年にプラットホームの延伸が完成し、8連対応ホームとなった。隣の滝井駅とは大変近く、プラットホームから滝井駅のプラットホームが見渡せる。写真手前は2600系2800形。
◎土居　1997（平成9）年9月21日　撮影：荒川好夫（RGG）

5000系の準急。5000系は1970（昭和45）年12月に登場。日本初の多扉車で、片面5箇所の乗降扉を備える。うち2扉はシートを降ろして扉を閉じることも可能で、ラッシュ時間帯以外では3扉での運用に対応する。写真は今や懐かしい旧塗色時代の様子。◎守口市〜土居　1991（平成3）年1月26日　撮影：森嶋孝司（RGG）

2600系の普通淀屋橋行と6000系の急行淀屋橋行。2600系0番台は2000系の車体や台車、機器類を活かして製造された形式番台。写真の2806は1979（昭和54）年2月竣工。隣の6000系6051は大阪側トップナンバーの先頭車で1983（昭和58）年3月竣工。
◎守口市～土居　1991（平成3）年1月26日
撮影：森嶋孝司（RGG）

6000系急行。6000系は1983（昭和58）年に登場。何と言っても従来の京阪電車のスタイルから一新したような前面スタイルが話題となった。現在、最も多い車両数を誇る。8両編成での運転になったのは、1987（昭和62）年からである。
◎守口市～土居　1991（平成3）年1月26日　撮影：森嶋孝司（RGG）

7000系は、1989（平成元）年〜1993（平成5）年にかけて製造。1989（平成元）年に三条〜出町柳間の鴨東線が開業。それに
伴う車両不足を補う増備車両として登場。京阪でのVVVFインバータ制御の本格導入を感じさせた新車だった。
◎門真市〜西三荘　1991（平成3）年1月26日　撮影：森嶋孝司（RGG）

テレビカー8750形。同形へのテレビ
設置は2012（平成24）年まで行われた。
人気の京阪のテレビカーだったが、テレ
ビは出町柳方に設置で、テレビ放送時は
シートの自動転換がなく、手動で座席転
換しないと、大阪側に走る時はテレビを
背に着席しなければいけなかった。
◎寝屋川車庫
1997（平成9）年9月4日
撮影：小賀野 実（RGG）

京阪と言えば無料のクロスシート特急専用車とこのダブルデッカーだ。1995（平成7）年12月25日から営業運転を開始。写真は営業運転前に寝屋川車庫で撮影された3855。平屋構造の車両を2階建てへ改造したことで、かなり話題になった。
◎寝屋川車庫
1995（平成7）年12月23日
撮影：小賀野 実（RGG）

1800系の特急と600系急行の並び。1800系は2代目特急専用車で日本初のカルダン駆動車。特急は停車駅が多くなく、京都
～大阪利用の通勤客以外は、通勤型の急行を利用した。写真には高度経済成長期を物語るような団地が写っている。
◎枚方市　1961（昭和36）年11月12日　撮影：J.WALLY HIGGINS（NRA）

急行標識を掲げて走る600系。大阪～
枚方市の区間が標識に記してある。枚
方市駅は元は枚方東口駅として開業。
1949（昭和24）年10月に枚方市へ駅名
改称した。一方、現在の枚方公園駅は、
1949（昭和24）年10月に駅名改称する
まで枚方駅だった。写真当時はすでに
現行駅名である。
◎枚方市　1962（昭和37）年11月25日
撮影：J.WALLY HIGGINS（NRA）

両開き扉の3扉通勤車による2000系の
臨時急行。両開き扉は2000系登場後の
更新車600系にも受け継がれた。現在
の京阪では当たり前の両開き扉だが、当
時は珍しい存在であった。線路と道路
の間に柵がなく、当時はこのようにすっ
きりした構図で撮影できた。
◎枚方市　1962（昭和37）年11月25日
撮影：J.WALLY HIGGINS（NRA）

約60年前の枚方市駅とプラットホーム。大阪〜淀の行先表記のある急行標識板を掲げた2000系が写る。競走馬の蹄鉄をデザインした標識に見られるように、淀駅が最寄りの京都競馬場へのアクセス急行である。
◎枚方市　1962（昭和37）年11月25日　撮影：J.WALLY HIGGINS（NRA）

颯爽と駆ける1800系特急。現在では
すっかり特急停車駅として定着した枚
方市駅だが、当時の枚方市駅は特急停車
駅ではなく、それは1980年代や1990
年代前半になってもそうで、一部の特急
が停車駅になったのは1997 (平成9) 年
のことだった。
◎枚方市　1962 (昭和37) 年11月25日
撮影：J.WALLY HIGGINS (NRA)

2200系「みどり号」。1990 (平成2) 年開催の国際花と緑の博覧会 (通称：花博) 協賛編成。写真は2217編成の大阪側2263。
花博のマスコットキャラクター「花ずきんちゃん」の装飾が前照灯付近に見られた。
◎枚方市　1990 (平成2) 年　撮影：荻原二郎

旧1810系の特急。1810系は3代目の特急専用車両として1956（昭和31）年～1958（昭和33）年に登場。淀屋橋延伸に対応するために1963（昭和38）年に登場した4代目特急専用車両の1900系へ編入された形式。1810系の車体長が1900系と同等で、一部を除いて空気ばね台車を装備していたことから1900系へ編入した。
◎八幡市～淀　1980（昭和55）年1月3日　撮影：森嶋孝司（RGG）

左に宇治川のトラス橋が見え、カーブしてきた1700系淀屋橋行が木津川へ向けて走る。初代特急車の1700系も、この当時は
すっかり格下げ車として馴染み、中間に増設された両開き扉がアクセントになっていた。
◎淀〜八幡市　1978(昭和53)年12月11日　撮影：服部重敬

宇治川を渡り木津川を目指す5000系淀屋橋行の急行。淀から直線をしばらく走った後、宇治川へ向けて左へ大きくカーブし、
宇治川を過ぎると今度は右へ大きくカーブ、木津川を過ぎると再び大きく右へカーブし、八幡市駅方面へ向かう。現在は、写真
の頭上あたりに京滋バイパスの高架がある。◎淀〜八幡市　1978(昭和53)年12月11日　撮影：服部重敬

木津川を渡って三条を目指す3000系。京都側トップナンバーの3501。京阪特急と言えば、写真に写る鳩マークであった。トラス橋を渡る名車がこれまで幾度も撮影され、数々の写真が発表されてきた有名撮影地である。
◎八幡市〜淀　1978（昭和53）年12月11日　撮影：服部重敬

宇治川のトラス橋を抜けてカーブに差し掛かった2200系の急行。卵型と呼ばれる京阪らしいスタイル。2000系の急行バージョンとして1964（昭和39）年から登場した形式。写真に写る2274は1968（昭和43）年竣工で、後期に竣工。
◎淀〜八幡市　1978（昭和53）年12月11日　撮影：服部重敬

快走する3000系。2扉で走る京阪特急
の姿はやはりスマートである。やや細
長い小窓が並び、その向こうにクロス
シートが並ぶ様子まで見える。今となっ
ては懐かしいシーンで、京阪特急色への
憧れを感じた昔を思い出す。
◎八幡市〜淀
1978（昭和53）年12月11日
撮影：服部重敬

カーブで車体を傾ける姿が格好良く見える3000系。3000系人気は高く増備が続き、写真に写る3012は1973（昭和48）年竣工の3次車。京阪特急3000系の全盛時代を感じさせる古きよき時代の写真だ。
◎淀～八幡市
1978（昭和53）年12月11日
撮影：服部重敬

男山からの大俯瞰。京都から大阪へ向かう3000系が写る。奥が宇治川で手前が木津川。カーブする線形とともによくわかる。
京阪の鋼索線である男山ケーブルは、2019（令和元）年に石清水八幡宮参道ケーブルの通称へ変更された。
◎淀～八幡市　1978（昭和53）年12月11日　撮影：服部重敬

9000系の特急。写真は淀車庫にて。淀駅の先、大阪側に車庫がある。9000系は1997（平成9）年に登場。特急から普通まで幅広く運用できるようにセミクロスシート車で登場したが、後年になってロングシート車へ改造された。
◎淀車庫　1997（平成9）年2月28日　撮影：諸河 久（RGG）

八幡市～淀間には木津川や宇治川があり、蛇行する京阪本線の線形とともに、昔から撮影地として有名な区間。写真は2400系の急行。八幡市駅は、2019（令和元）年に石清水八幡宮駅へ改称している。
◎淀～八幡市　1980（昭和55）年1月3日　撮影：森嶋孝司（RGG）

テレビカーを連結した1800系特急が駆
ける。ちなみに当時の中書島駅は特急
通過駅。一部の特急が停車するように
なったのは平成に入ってしばらくして
から。1800系はカルダン駆動を実用化
した日本初の電車で、車内へのテレビ設
置とともに話題性の多い形式だった。
◎中書島　1959（昭和34）年５月10日
撮影：J.WALLY HIGGINS（NRA）

京阪で初めて全鋼製車体となった転換
クロスシート付きロマンスカー 1550型
が、1929（昭和4）年の改番で600型に。
写真に写る先頭車は600型630。戦時
中から進められていた600型のロング
シート化後の姿。
◎中書島　1959（昭和34）年5月10日
撮影：J.WALLY HIGGINS（NRA）

中書島〜淀間の直線を走る2400系の急行。急行用の2200系改良型が2400系。子どもが前方を見ているのが写る。写真は懐かしい2400系の姿である。昭和末期からの改修によって前面のスタイルが大きく変化しており、ガラスが下までくる貫通戸となり、行先種別表示器が組み込まれている。◎中書島〜淀 1980（昭和55）年1月3日 撮影：森嶋孝司（RGG）

普通に運用されていた当時の1900系で淀屋橋行。1900系は元は4代目特急専用車として登場し、写真に写る1922は1963（昭和38）年竣工の1次車。格下げによりロングシート化されていたものの、元特急車ならではの乗り心地に定評があった。
◎藤森　1978（昭和53）年6月10日　撮影：服部重敬

700型710。1550型（後の600型）が1927（昭和2）年に登場した翌年、1928（昭和3）年に増備された形式が1580型（後の700型）である。写真の700型710は10両製造されたうちのラストナンバー。1550型（後の600型）とともに転換クロスシートを備えたロマンスカーとして人気を得たが、当時はロングシート化格下げ車として余生を送っていた。
◎七條　1959（昭和34）年5月10日　撮影：J.WALLY HIGGINS（NRA）

500型506。500型は元は1500型として1926（大正15）年に登場した形式。京阪で初めて半鋼製車体となった形式である。1929（昭和4）年の改番で500型に。1953（昭和28）年から1959（昭和34）年に車体新造による更新を行い、写真のような2枚窓非貫通の片側運転台が登場した。
◎七條　1959（昭和34）年5月10日
撮影：J.WALLY HIGGINS（NRA）

連結運転可能な古参の200型による宇治行。大正から昭和はじめまでの京阪では1両での運転で、乗客増を見越して連結運転へ移行していった当時の電車。元は100型だったが、連結運転に対応した制御器を装備して1929（昭和4）年に200型へ改番された。◎七條　1958（昭和33）年8月30日　撮影：J.WALLY HIGGINS（NRA）

1300系1301を先頭にして鴨川と琵琶湖疎水の間を走る急行。運輸省規格型電車で、1948（昭和23）年竣工の片側2扉車。窓の広さなど、従来の京阪車とは異なるスタイルが特徴であった。元はクリームと濃緑色だったが、写真当時は若草色と青緑の塗り分け後の姿である。
◎七條　1959（昭和34）年5月10日
撮影：J.WALLY HIGGINS（NRA）

2000系登場前に試みられた両開き扉3箇所を備えた通勤型電車の1650型。1957（昭和32）年7月竣工で、登場2年未満の姿をカラーで記録した写真。両開き3扉で戸袋窓を備えた電車のスタイルは、当時の関西では大変珍しい存在であった。
◎七條　1959（昭和34）年5月10日　撮影：J.WALLY HIGGINS（NRA）

特徴ある手前に写る車両は運輸省規格型電車の1600型。系列的には1300系列。8両が製造された片運転台の制御車である。この当時の写真は白黒写真では時々見かけるが、カラー写真は大変少なく、しかもコダックのリバーサルフィルムで撮影されており、貴重な写真記録と言える。
◎七條　1959（昭和34）年5月10日
撮影：J.WALLY HIGGINS（NRA）

京阪特急専用車の初代として登場した1700系。京阪特急の基本形態を築いた形式と言える。1810系の登場で一般車化が進み、写真当時は2扉のロングシート車となっていた時代。行先標識板に三條とあり、七條、五條、四條とともに1963（昭和38）年の新字体への変更まで旧字体の駅名だった。◎七條　1959（昭和34）年5月10日　撮影：J.WALLY HIGGINS（NRA）

梅雨明け間近の鴨川沿いを走る特急専用車の格下げ車1800系。1800系は、2代目の特急専用車として登場した形式。かつてはテレビカーも連結していた。写真真ん中の乗降扉は格下げの際に取り付けられた両開き扉。
◎七条〜五条　1976（昭和51）年7月15日　撮影：荒川好夫（RGG）

七条大橋から撮影した七条駅と京阪特急3000系。写真に写るプラットホームは大阪方面のりば。三条方面のプラットホームは千鳥配置の大阪側にあり、プラットホームが壁で覆われている側になるため、鴨川と絡めて七条駅を発着する電車を撮影したい場合は必然的に大阪方面のりば側を被写体とした。
◎七条　1978（昭和53）年9月6日
撮影：服部重敬

地上時代の七条駅。踏切から見る5扉車の5000系は迫力満点。急行の標識に日本一フェアの副票が付く。京阪は、この副票が色々掲示され、たまたま見かけると得した気分になる。当時の鴨川沿いの駅では、電車の発着のたびに慌ただしく踏切に立つ職員の姿が見られた。◎七条 1978(昭和53)年6月10日 撮影：服部重敬

写真右側に七条大橋を渡る京都市電が写る。当時は七条駅の大阪方面のりば（写真左側）と三条方面のりばの間の七条通で京
阪本線と平面交差していた。撮影後の９月30日に京都市電が全廃され、翌日に平面交差が廃止となった。
◎七条　1978（昭和53）年９月６日　撮影：服部重敬

七条付近の鴨川沿いを走った往年の風景。東山の山並みが背景に写り、流麗な3000系のスタイルと京阪特急色が美しい。その後、1982（昭和57）年になると、地下化工事のために東へ線路が移動し、千鳥配置のホームから相対式ホームへと配置換えが行われた。
◎七条　1978（昭和53）年9月6日
撮影：服部重敬

正月の臨時特急に充当される1900系が琵琶湖疏水の横を通り過ぎる。写真左側が鴨川。写真撮影の年の春から東福寺〜三条間の地下化工事が着手されたが、姿が大きく変わるのはまだまだ先のことであった。
◎五条〜七条
1979（昭和54）年1月1日
撮影：服部重敬

三条側から撮影した地上時代の京阪本線。鴨川を右手に大きく構図をとって、河畔の駅の様子をうまく伝えている写真。駅は
地下化後も七条大橋の東詰にある。◎七条　1976（昭和51）年7月15日　撮影：荒川好夫（RGG）

大阪方面のりばの様子。四条通の踏切とレストラン菊水の洋館が右に見える。写るのは2000系。高加減速車として設計され、阪神ジェットカー、近鉄ラビットカーに対して、京阪はスーパーカーと呼ばれた形式。ちなみに付随車連結の編成は高加減速車ではなく、急行などに使用された。◎四条　1976（昭和51）年7月15日　撮影：荒川好夫（RGG）

3000系。右に鴨川が写る三条方面のりばの様子。三条では地上時代の京津線が接続し、琵琶湖遊覧や湖水浴客が乗換えた。四条駅の三条方面のりばの駅名標には、写真のように大津やびわ湖方面の案内表記が見られた。
◎四条　1976（昭和51）年7月15日
撮影：荒川好夫（RGG）

懐かしの鴨川沿いのプラットホームと5000系の旧塗色。写真は大阪方面のりば。今や昭和の思い出の風景だが、写る5000系さえも、2021（令和3）年1月に5扉全ての開閉を終了し、同年9月に引退が予定されている。
◎七条　1976（昭和51）年7月15日
撮影：荒川好夫（RGG）

鴨川沿いは桜並木の名所でもある。現在は道路になっているが、このように昔は京阪本線と鴨川沿いの桜を楽しむことができた。鴨川の流れあり、桜ありと、当時の地上線には魅力が詰まっていた。写真は1900系の淀屋橋行。
◎四条〜五条　1978（昭和53）年4月3日　撮影：服部重敬

両側に桜が並ぶ中を四条へ向けて走る三条行3000系特急。写真に写る先頭車は、京都側トップナンバーの3501。地下化後30年以上が経過した今日にあって、今やこの地上を走った経験のある運転士も年々少なくなっている。
◎五条〜四条　1978（昭和53）年4月3日　撮影：服部重敬

交野線

単線時代の交野線を走る通勤用格下げ時代の1700系。1700系は元は初代特急専用車で、格下げによって中間に両開き扉を設置した。交野線は「かたのせん」と読み、私市は「きさいち」と読む。
◎私市〜河内森　1978(昭和53)年12月11日　撮影：服部重敬

夕暮れの交野線を走る特急車からの通勤格下げ車、初代1800系。元は2代目特急専用車だった。交野線沿線の宅地化が進んだ今日では懐かしい写真であるが、交野線の中でも河内森〜私市間は、比較的昔の雰囲気も残す沿線だ。
◎私市〜河内森
1978（昭和53）年12月11日
撮影：服部重敬

運輸省規格型電車の1300系が牧歌的だった交野線を走る風景。1300系は1500V昇圧とともに引退した形式。河内森駅は京阪で唯一河内が付く駅名。私市駅まで複線化したのは1992（平成4）年のことである。
◎私市〜河内森
1978（昭和53）年12月11日
撮影：服部重敬

宇治線

元は琵琶湖鉄道汽船100形の800形。琵琶湖鉄道汽船とは、現在の京阪石山坂本線を開業した鉄道会社で、米国に倣ったインターアーバンを目指した路線だった。同社の100形は転換クロスシートとロングシートを千鳥配置した独特な座席配置であったが、京阪へ移籍後に同車は転換クロスシートを廃してロングシート化された。
◎黄檗付近 1959（昭和34）年5月10日
撮影：J.WALLY HIGGINS（NRA）

京津線

50形55。55とあるが、元は54で1932（昭和7）年製。1949（昭和24）年の四宮車庫火災で50形8両が被災。復旧を果たした2両のうちの1両で、復旧に際して54→55へ改番された。写真は滋賀銀行東山支店前。京都市電東山線との平面交差付近。
◎東山三条
1959（昭和34）年7月25日
撮影：J.WALLY HIGGINS（NRA）

京都市電との平面交差を過ぎたあたり。右に写る建物は滋賀銀行の支店。写真は2灯式のシールドビームが特徴の300形。編成は301＋302。同編成は写真の前年にあたる1965（昭和40）年に登場。300形は260形同様、急行や準急用として導入が進んだ。◎東山三条　1966（昭和41）年12月31日　撮影：J.WALLY HIGGINS（NRA）

16形を鋼製車体化した20形。クリームと紺の塗り分けがよくわかるカラー写真である。行先標識板の大津は浜大津行のこと。
三條（後の三条）行には京都と記された行先標識板が掲げられていた。
◎三條付近　1959（昭和34）年7月25日　撮影：J.WALLY HIGGINS（NRA）

在りし日の蹴上駅と路面電車のような20形22。台車と台車の間隔が狭いのがよくわかる写真。蹴上駅周辺には南禅寺や琵琶湖疏水など見どころが多く、行楽客に親しまれた駅だった。蹴上駅の駅名は、京都市営地下鉄東西線の駅名へ引き継がれている。
◎蹴上　1957（昭和32）年7月4日　撮影：J.WALLY HIGGINS（NRA）

浜大津の旧駅を発車して右折、逢坂山方面へ向かって併用軌道を走る260形急行。急行標識板に京都とあるのは三條（後の三条）駅のこと。この区間は現在も併用軌道が残り、京都市営地下鉄東西線直通の800系が走っている。
◎浜大津〜長等公園下　1958（昭和33）年8月30日　撮影：J.WALLY HIGGINS（NRA）

蹴上の坂を上る20形26。写真左側にはお坊さんらしき姿も写る。車内は学生たちで満員のようで、白いワイシャツ姿が窓越しに並ぶ。このあたりは春になると桜並木となり、京津線と桜の撮影名所としても知られた。
◎蹴上 1959（昭和34）年7月4日 撮影：J.WALLY HIGGINS（NRA）

日本初の連接構造車として華々しく京阪線と直通していた60形「びわこ号」だが、写真当時は京津線内の急行が主な運用で、京津線用としては収容力のある60形は重宝されていた。車体側面に「びわこ」の銘板が写る。
◎蹴上〜九条山 1959（昭和34）年7月4日 撮影：J.WALLY HIGGINS（NRA）

20形24が写る。三條駅構内から併用軌道区間へ入るところ。20形は元はオープンデッキで後に乗降扉を付けた旧型車。
1949(昭和24)年の四宮車庫火災で大半を焼失した京津線にとって、京阪線からの救いの使者であった。
◎三條　1959(昭和34)年7月25日　撮影：J.WALLY HIGGINS(NRA)

高床式の30形で京阪特急色時代。30形は当初、併用軌道区間に対応した低床設計で登場したが、後に高床式へ改造された。
蹴上駅は電停のような駅で、乗降用ステップのない高床式の電車は通過。写真の急行運用中の30形も通過した。
◎蹴上　1957(昭和32)年7月4日　撮影：J.WALLY HIGGINS(NRA)

80形92を先頭にした四宮行。1981（昭和56）年の京津線と石山坂本線の浜大津駅統合に伴い、京津線の車両の方向転換が行われ、三条側を向いていた偶数車は浜大津側の向きに、浜大津側を向いていた奇数車は三条側を向くようになった。
◎東山三条〜蹴上
1985（昭和60）年8月7日
撮影：荒川好夫（RGG）

三条通を走る300形の準急。300形は2灯のシールドビームが竣工時から備わり、外観の大きな特徴だった。京津線車両の方向転換が行われる前で奇数車の301は浜大津側の向きである。かつての京津線と言えば、この京阪特急色と準急を思い出す方も多いだろう。
◎東山三条〜蹴上
1979（昭和54）年7月28日
撮影：荒川好夫（RGG）

600形準急。600形が京津線で運用
されていた当時。600形は冷房装置を
備え好評だった。写真の613は1987
（昭和62）年導入の3次車。2次車以
降の特徴であるパノラミックウインド
ウだ。京津三条〜御陵間廃止の前月の
撮影。写真右側に京都市営地下鉄東西
線蹴上駅の出入口の工事が進んでいる
様子が写る。写真左側の赤い車の背後
に写るのは南禅寺へ通じる煉瓦造りの
アーチ。
◎九条山〜蹴上
1997（平成9）年9月20日
撮影：荒川好夫（RGG）

600形604が写る。1984（昭和59）年竣工
の1次車。写真は蹴上〜九条山間の66.7
パーミルの急勾配。66.7パーミルと言え
ば、信越本線横川〜軽井沢間の碓氷峠に存
在した急勾配と同じで、ともに1997（平成
9）年10月廃止という共通点もあり、廃止
前は特に注目された。
◎蹴上〜九条山
1985（昭和60）年1月24日
撮影：荒川好夫（RGG）

1978（昭和53）年当時の滋賀銀行東山支店前の京都市電東山線との平面交差付近。写真撮影年の９月に京都市電東山線は廃止。写真は平面交差が解消される少し前の様子。260形準急石山寺行が写る。京都市営地下鉄東西線化した今日では隔世の感であるが、京阪特急色で石山坂本線へ直通していた懐かしいシーンだ。◎東山三条　1978（昭和53）年４月17日　撮影：服部重敬

40年以上前の三条通。東山を背景に蹴上からやってきた260形272で準急三条行。蹴上から東山三条へ向かうと、一気に街中へ入った。写る260形は1959（昭和34）年製の２次車で前面窓が２段式のスライド窓になったグループだ。◎蹴上〜東山三条　1978（昭和53）年４月17日　撮影：服部重敬

80形が行き交った京津線時代の蹴上〜東山三条間。電気店に食料品店、薬局が並び、昭和の街並みである。現在の京都市営地下鉄東西線蹴上〜東山間に相当し、通りの賑わいは今も昔も変わりない。
◎蹴上〜東山三条　1978（昭和53）年4月17日　撮影：服部重敬

春の京都を彩る蹴上の桜並木。写真は蹴上駅付近の都ホテルと80形。都ホテル本館は村野藤吾の設計で1960（昭和35）年に完成。蹴上駅の周辺と言えば、南禅寺や琵琶湖疏水とともに都ホテルを連想される人も多いだろう。
◎蹴上　1978（昭和53）年4月17日　撮影：服部重敬

蹴上の桜並木と260形の京阪特急色。260形265で準急浜大津行が写る。265は両運転台を持つ1次車。1次車の乗降扉は片開き扉で、2次車以降は両開き扉となり、横から見た印象が1次車と2次車以降では異なった。
◎蹴上　1979（昭和54）年4月9日　撮影：服部重敬

蹴上駅と桜の美しい景色。80形は高い性能ながら各駅停車用として活躍した。それは、併用軌道上の電停タイプの駅に対応する乗降用ステップを有したためである。写真は三条〜四宮間の区間運転電車が離合するシーン。
◎蹴上　1979（昭和54）年4月9日　撮影：服部重敬

260形279を先頭にした石山寺行の急行。1961（昭和36）年〜1963（昭和38）年に製造された260形3次車。2次車までとは異なり片運転台となった。260形は急行や準急用として活躍し、後に一般色へ統一されるが、かつては京阪特急色の姿がよく見られた。◎追分付近　1966（昭和41）年12月31日　撮影：J.WALLY HIGGINS（NRA）

御陵〜浜大津（現・びわ湖浜大津）間は現在も京阪京津線。京都府と滋賀県の県境は四宮駅から浜大津側へ向けてしばらく走ったところ。駅は追分駅から滋賀県大津市となる。写真は逢坂山トンネルをくぐってきた600形615。
◎上栄町〜大谷　1992（平成4）年7月27日　撮影：森嶋孝司（RGG）

勾配を上る80形86。数字が見られる下がった勾配票は反対線側の下り勾配を示す。1961（昭和36）年〜1970（昭和45）年に16両が登場した80形。収容力に劣る旧来からの路面電車タイプを淘汰し、新しい時代の各駅停車用として活躍。吊り掛け駆動ではあるものの、定速度制御を備えた高い性能を有した。
◎追分付近　1966（昭和41）年12月31日　撮影：J.WALLY HIGGINS（NRA）

京都市営地下鉄東西線直通のため1997（平成9）年に登場。写真は京都市役所前行だった当時。併用軌道や急勾配も走行する地下鉄直通車両であり、大変珍しい。青い塗装は琵琶湖をイメージしたもの。しかし、2020（令和2）年をもってこの塗装は姿を消し、現在は京阪一般色になっている。◎上栄町　1998（平成10）年11月26日　撮影：荒川好夫（RGG）

80形が横切る。写真右側を見ると京阪電車の看板が
あり、「京都 大阪 宇治 奈良方面のりば」と案内され
ている。奈良もあるのは、当時の京阪が近鉄京都線と
直通運転を行っていたからだ。現在では浜大津と線路
がつながっていない大阪、宇治、奈良の文字に往時を
感じさせる。
◎浜大津　1966（昭和41）年12月31日
撮影：J.WALLY HIGGINS（NRA）

260形の急行。京津線浜大津駅（写真右側）を発車した三条行の急行を後追い撮影した写真。写真手前は石山坂本線の軌道。写真右隅の「びわ湖名産 鮎あめ煮」などの看板がある商店等々は今は建て変わって存在せず、コンビニエンスストアなどになっている。
◎浜大津　1966（昭和41）年12月31日
撮影：J.WALLY HIGGINS（NRA）

石山坂本線

260形264単行の石山寺行。写真
右奥で東海道本線を跨ぎ、急カー
ブで国鉄の右側へ入り、写真はそ
の後のストレート区間を走る様子。
現在の京阪石山駅はこのあたりに
存在する。写真右側は国鉄石山駅
構内。
◎粟津～京阪石山
1958（昭和33）年12月28日
撮影：J.WALLY HIGGINS（NRA）

石山寺駅を発車した260形を沿線の田
んぼと一緒に撮影したシーン。沿線の
桜は現在も見られるが、田んぼは宅地に
変わり、電車が写る向こうには、高層マ
ンションも建っている。写真の奥側が
瀬田川で、石山寺駅は瀬田川の近く。
◎石山寺～唐橋前
1961（昭和36）年4月9日
撮影：J.WALLY HIGGINS（NRA）

60年前の唐橋前〜石山寺間。10形13の石山寺行が走る。写真左側に広がる農地は現在では宅地化されているが、右側の桜並木は現在も存在する。写真右側が瀬田川方面。瀬田の唐橋は唐橋前駅が最寄り駅である。
◎唐橋前〜石山寺　1961（昭和36）年4月9日　撮影：J.WALLY HIGGINS（NRA）

10形15の坂本行が手前に写り、奥に60形「びわこ号」が写る。写真ののりばは石山坂本線用ののりばで、現在のびわ湖浜大津駅があるあたり。1981（昭和56）年にようやく京津線と石山坂本線ののりばが統合され、現在に至る。
◎浜大津　1958（昭和33）年8月30日　撮影：J.WALLY HIGGINS（NRA）

260形の急行石山寺行。写真左側に写る京津線の浜大津駅を発車して、石山寺駅方面へ向かって渡り線を走っているところ。当時は京津線の駅と石山坂本線の駅が別で、写真右側に石山坂本線のりばがあった。
◎浜大津　1966（昭和41）年12月31日　撮影：J.WALLY HIGGINS（NRA）

60形「びわこ号」による石山寺行の急行が石山坂本線ののりばへ向かうシーン。写真手前の右側が京津線で、写真左側の京津線浜大津駅到着後、今度は向きを変えて石山坂本線のりばの方向へ向かって同線へ入線していた。京津線と石山坂本線は元々別会社で、京津線は京津電気軌道→京阪電気鉄道、石山坂本線は大津電車軌道→琵琶湖鉄道汽船→京阪電気鉄道である。左に写る駅舎は江若鉄道浜大津駅の駅舎。
◎浜大津
1958(昭和33)年8月30日
撮影：J.WALLY HIGGINS (NRA)

500形はカルダン駆動や空気ばね台車を採用。大型窓非貫通の前面は以後登場の京津線や石山坂本線用車両の基本スタイルとなった。1979(昭和54)年と1981(昭和56)年に製造され、写真の506+505は1981年製。写真当時は600形や700形第1編成が登場しており、石山坂本線の各停中心だった。非冷房車で1500V昇圧非対応車のため写真の翌年に廃車となり、車体は700形へ流用された。
◎滋賀里〜南滋賀
1992(平成4)年7月27日
撮影：森嶋孝司(RGG)

700形704+703。写真は竣工間もない頃に撮影されたもの。将来の1500V昇圧を見据えて複電圧車で製造された。前面スタイルは600形2次車以降と同様のパノラミックウインドウを採用したが、700形では傾斜を無くして直線的になった。
◎滋賀里〜南滋賀
1992(平成4)年8月2日
撮影：森嶋孝司(RGG)

350形は、発電ブレーキを装備しないため急勾配をひかえた京津線では運用されず、石山坂本線専用だった。写真当時の松ノ馬場駅は1面1線の単式ホームであったが、1997（平成9）年の複線復活で相対式ホームになっている。
◎松ノ馬場付近　1966（昭和41）年12月31日　撮影：J.WALLY HIGGINS（NRA）

260形261の石山寺行。穴太〜坂本間は元は複線だったが、戦時中の金属供出によって単線化された区間。穴太と松ノ馬場の両駅は駅使用中止にもなった。駅の再開は終戦の翌年に行われたが、長らく穴太〜坂本間は単線のままだった。1997（平成9）年9月にようやく同区間の複線が復活した。◎坂本〜松ノ馬場　1958（昭和33）年8月30日　撮影：J.WALLY HIGGINS（NRA）

京津線への急行直通運用を行わない石山坂本線限定用のため、緑系の一般色で竣工した350形。写真は竣工間もない頃。350形は京阪線で使用された初代800形の機器や台車を流用しており、この800形は元は琵琶湖鉄道汽船100形として登場した車両だった。坂本駅は琵琶湖鉄道汽船時代の1927（昭和2）年に開業した駅である。
◎坂本　1966（昭和41）年12月31日　撮影：J.WALLY HIGGINS（NRA）

石山坂本線の終着駅坂本駅。頭端式ホームに260形272と278が並ぶ。写真は旧プラットホームの時代。坂本は比叡山延暦寺の門前町。延暦寺の所在地は京都市ではなく滋賀県大津市である。京都市と勘違いされる理由のひとつとしては、比叡山が京都側にも接し、京都市街地からもよく望めることのほか、京都側からのアクセスとして叡山電鉄八瀬比叡山口駅が存在する影響もある。そのため、現在では駅名を坂本から坂本比叡山口へ改称しPRに努めている。◎坂本　1985（昭和60）年1月24日
　撮影：荒川好夫（RGG）

宇治川おとぎ電車

おとぎ電車は、宇治川電気（現・関西電力）が発電所建設用の資材を運搬する目的で敷設した鉄道を活かして1950（昭和25）年に観光鉄道として開業したもの。写真は堰堤駅に停車中の「バンビ」編成で開放型客車を連結する。
◎堰堤
1959（昭和34）年5月10日
撮影：J.WALLY HIGGINS（NRA）

発電所寄りの天ヶ瀬と上流のダム付近の堰堤を結んだ遊覧鉄道。遊園地などの遊戯用施設扱いだった。写真は崖沿いを走る「むかで」編成。開放型の「バンビ」編成とは異なり、乗降口以外は密閉式で、崖側は危険防止のため乗降口が設置されなかった。
◎天ヶ瀬〜堰堤
1959（昭和34）年5月10日
撮影：J.WALLY HIGGINS（NRA）

崖と川の間を抜け、野趣あふれる中を走った。1953（昭和28）年9月の台風13号では線路に冠水するなどしたが復旧。写真の「むかで」編成はその台風後に導入された。親しまれたおとぎ電車だったが、新しいダムの建設で水没することとなり、1960（昭和35）年に営業を終了。10年ほどの運行で幕を閉じた。
◎天ヶ瀬〜堰堤
1959（昭和34）年5月10日
撮影：J.WALLY HIGGINS（NRA）

2章
モノクロフィルムで記録された
京阪電気鉄道

三条向き片運転台車の1900形1927に搭載のテレビ。写真は1900系1次車が竣工した1963（昭和38）年に撮影されたもの。
◎1963（昭和38）年11月　撮影：白井 昭（NRA）

京阪本線

天神橋側から見た土佐堀通沿いの
空撮写真。写真左上側が地下化前
の天満橋駅で、大川に沿って天満
橋～淀屋橋間の延伸（地下）工事が
進む様子が写る。1960（昭和35）
年11月に着工。1963（昭和38）年
4月に延伸開業を迎えた。
◎1962（昭和37）年6月8日
撮影：朝日新聞社

淀屋橋駅～天満橋駅間の開通式の様子。開業日は1963（昭和38）年4月16日だったが、開通式は前日の4月15日に開催された。
テープカットを行うのは村岡四郎社長。特急車1900系に祝・竣工の装飾が施された。
◎1963（昭和38）年4月15日（開業日の前日）　撮影：朝日新聞社

　３代目天満橋駅が竣工した1932（昭和７）年の写真。写真左側が大川で右上が寝屋川。両河川の合流点位置が上流の写真位置へ移り、河川敷だった土地に３代目の天満橋駅が建設された。各プラットホームの上屋が途切れて設置されている。奥が降車用、駅舎側が乗車用である。翌年に駅舎の左横に京阪デパートが開店する。駅舎前には大阪市電曽根崎天満橋筋線の天満橋停留場、写真右下には大阪市電谷町線の天満橋停留場が見られ、建設工事中の同市電天満橋善源寺町線が写る。
◎1932（昭和７）年　撮影：朝日新聞社

1941（昭和16）年当時の天満橋駅。駅前はロータリーになっていて円タクが並ぶ。円タクは1円均一のタクシーの略で、大正末期に大阪で登場。1円均一で無くなった後もタクシーのことを円タクと呼ぶ人が多かった。駅舎の左側に臨時出札口が並び、淀ゆきとある。競馬開催日のようで、京都競馬場最寄りの淀駅へ向かう乗客が並ぶ。「京都 宇治 大津 坂本 石山行のりば」（※

宇治 大津 坂本 石山 のりば

國史に擬なり 戰陣訓菊人形　　ひらかた遊園

淀ゆき　49銭　98銭

大2,706

石山は現・石山寺駅のこと）の大看板の下にひらかた遊園（現・ひらかたパーク）で開催中の「戦陣訓菊人形」の看板も見られる。
◎1941（昭和16）年5月24日　撮影：朝日新聞社

京阪本線複々線化や高架前の京橋駅。空撮撮影の1968（昭和43）年2月に起工式が行われた。蒲生信号所〜守口（現・守口市）間は戦前に複々線化されていたが、天満橋〜京橋〜蒲生信号所間の複々線化は1970（昭和45）年11月のことだった（※複々線化の前月に蒲生信号所は廃止）。写真右側が高架化前の京橋駅（京阪）で、駅の高架化は1969（昭和44）年11月。あわせてその

先の片町駅（京阪）を統合し、同駅は廃止された。写真中ほどを横断するのが大阪環状線で国鉄の京橋駅が写る。写真左側で大
阪環状線と交差するのは国鉄片町線。◎1968（昭和43）年2月　撮影：朝日新聞社

天満橋〜野田橋間の併用軌道を走る特急。1954（昭和29）年11月に同区間の併用軌道が解消され、専用軌道化。京阪本線の全線専用軌道化が達成された。天満橋〜京橋間にあった野田橋駅は写真の翌年1955（昭和30）年1月に片町駅へ改称し、その後京橋駅の高架化時に同駅へ統合され廃駅となった。◎野田橋〜天満橋　1954（昭和29）年　撮影：野口昭雄

流線型の特急1000型1008が走る。1938（昭和13）年製で転換クロスシートを配した優等列車用として登場。両運転台車で、片方のみ流線型という特異な形状であった。1950（昭和25）年に京阪は特急運行開始。1700系（初代特急専用車）登場前から特急運用され、天満橋〜三条間を駆けた。
◎天満橋付近　1954（昭和29）年　撮影：野口昭雄

豊野の行先標識が見られる600型。写真は京橋駅を発車したところ。豊野駅は寝屋川市〜香里園間にあった駅。折り返し運転ができる構造の駅だったが、1963（昭和38）年に寝屋川市駅へ統合となり廃止された。
◎京橋　撮影年不詳　撮影：野口昭雄

1931（昭和6）年10月14日、蒲生（後に移転を経て京橋）～守口（現・守口市）間が専用軌道化。野江駅から土居駅付近までが
高架化され、写真の新森小路駅（現・森小路駅）が新設開業した。写真は90年前の開業日の様子。1942（昭和17）年に駅名が
新森小路から森小路へ変わり、新が付かない森小路は千林の駅名になった。
◎新森小路（現・森小路）　1931（昭和6）年10月14日　撮影：朝日新聞社

1000型とともに片側のみ流線型の前後非対称の両運転台車として知られた1100型。1000型は転換クロスシートで写真の1100型はロングシートであった。1100型は1958（昭和33）年に流線型と反対側の運転台を撤去し、片運転台化される（1000型は1956年に）が、写真はそれよりも随分前の改造前の姿。◎守口車庫　1951（昭和26）年8月25日　撮影：伊藤威信（RGG）

奈良電気鉄道（奈良電、後の近鉄京都線）との共同使用駅だった丹波橋駅。プラットホームののりば案内には、奈良電京都方面のりばの案内が見られる。当時は京阪と奈良電で相互直通運転を行い、右に写る京阪300形が奈良電の京都駅行の行先表示を掲示している。
◎丹波橋　1961（昭和36）年7月　撮影：白井 昭（NRA）

元は優等列車用のロマンスカーとして1550型の形式で登場した600型。写真は登場24年後に守口車庫で撮影された600型620の様子。クロスシートが窓から見えず、すでにロングシート化されていたと思われる。
◎守口車庫　1951（昭和26）年8月25日
撮影：伊藤威信（RGG）

写真の前年に守口市〜門真市間が高架複々線化した。写真中ほどに写るのが門真小学校の校舎で、その上あたりに京阪の高架
線が横たわる。松下の企業城下町として知られ、京阪の高架線の上に写るのがそれである。
◎1977(昭和52)年1月29日　撮影：朝日新聞社

高架化前の枚方市駅と界隈。現在は京阪本線、交野線ともに高架化。駅周辺の連続立体交差事業も完成している。写真右上に枚
方近鉄（後の近鉄百貨店枚方店＝閉店）が写る。元はひらかた丸物として開店。閉店後の跡地は再開発されている。写真当時、京
阪百貨店は無かったが、現在は京阪百貨店ひらかた店が枚方市駅と直結している。◎1980（昭和55）年12月　撮影：朝日新聞社

右が京阪の東福寺駅。左は国鉄奈良線の京都〜稲荷間に新設された東福寺駅で、開業式の様子。国鉄奈良線の一部は東海道本線稲荷回りだった当時の旧線敷きで、駅を新設する際に複線分の用地が有効活用された。
◎1957（昭和32）年12月27日　撮影：朝日新聞社

鴨川沿いの三條駅を俯瞰。旧字体の駅名で後に三条駅となる。写真上が大阪側、右下は三条大橋。地上時代から1987（昭和62）年の地下化を経て、1989（平成元）年の鴨東線開通まで、ここが大阪～京都間の終着駅だった。駅前広場の左横に見える線路は京阪京津線。京津線は1987（昭和62）年の京阪本線地下化も地上駅で残り、駅名を京津三条へ改めた。
◎1956（昭和31）年7月　撮影：毎日新聞社

京津線との乗り換え駅として賑わった三條駅（後の三条駅）。当時の駅名は旧字体の三條であった。写真撮影年からすると、竣工間もない頃の1800系1809と思われ、前年竣工の1801＋1802と編成を組んだ。
◎三條　1954（昭和29）年4月
撮影：宮澤孝一（RGG）

交野線

交野と書いて「かたの」と読む。枚方
市駅から分岐の交野線を走る500形。
500形の晩年は交野線折り返し運用が
主だった。写真当時人口１万人台の北
河内郡交野町であったが、その後人口
が急増。３万人を突破して1971（昭和
46）年に市制施行した。
◎河内森付近
1966（昭和41）年６月12日
撮影：朝日新聞社

宇治線

旧宇治駅。長い間、奈良線の南に駅が
あり、そのため写真背景に国鉄奈良線が
写る。後々には奈良線の鉄橋の下まで
プラットホームが延伸された。古めか
しい前面5枚窓の300型がやってきた。
300型は1000型として10両が製造さ
れ1924（大正13）年にデビュー。1929
（昭和4）年の改番で300型となった。
◎宇治　1960（昭和35）年7月
撮影：白井 昭（NRA）

国鉄奈良線の鉄橋をくぐった先の南側が終着だった。写真は60年以上前の頭端駅の様子。2列の電車が並ぶように後に頭端式ホームが改修される。現在の駅は奈良線の北側へ移転している。
◎宇治　1960（昭和35）年7月　撮影：白井 昭（NRA）

京津線

60年前の三条通と80型。80型は
1961（昭和36）年8月に製造を開
始した形式であり、写真の80型は
撮影年からすると竣工間もない頃と
なる。併用軌道上に電停タイプが存
在する京津線の各駅停車用として登
場し、低床ホームに対応した乗降ス
テップを備えた。
◎三條～東山三条
1961（昭和36）年9月
撮影：荒川好夫（RGG）

200型の急行が三条通を走行。200型
は京阪線から転入して運用されていた。
東山三条駅は道路面の低床ホームのた
め、乗降ステップのない高床の一般車
両は通過し、写真の200型も通過して
いた。
◎三條～東山三条
1954（昭和29）年4月
撮影：宮澤孝一（RGG）

50型56が写る。1932（昭和7）年製。戦後の1949（昭和24）年8月に四宮車庫で火災があり、50型全車両が焼失した。うち、52と54のみ復旧し、車番を52が56、54が55へ改番。被災廃車された車番を受け継いだ。
◎三條〜東山三条　1961（昭和36）年9月　撮影：牛島 完（RGG）

1963（昭和38）年当時の沿線風景。宅地開発は進んでいたものの、写真のような牧歌的な風景も広がっていた。当時は京都市東山区だった山科。山科区として分区したのは1976（昭和51）年であった。
◎御陵～京阪山科　1963（昭和38）年7月29日　撮影：荒川好夫（RGG）

御陵〜京阪山科間の専用軌道区間を走る200形の急行。カーブが多い区間で、右へ左へとS字状にカーブを抜ける。このあた
りは、国鉄の米原〜京都間電化以降、住宅地が増加したところで、利用客が伸びていた時代だった。
◎御陵〜京阪山科　1963（昭和38）年７月29日　撮影：荒川好夫（RGG）

東海道本線と並走する京津線。20形22の浜大津行が走る。20形は16形を鋼製車体化した形式で、1949（昭和24）年８月の四
宮車庫火災で大半を焼失した京津線用電車の代替として運用されていた。
◎御陵〜京阪山科　1963（昭和38）年７月29日　撮影：荒川好夫（RGG）

260形266。1957（昭和32）年製の1次車で両運転台の片開き扉車。260形は、戦前製の旧型車が転用などによって使用されていた京津線や石山坂本線に画期的な近代化をもたらした。後にパンタグラフとなるが、写真はポール集電当時の姿である。
◎京阪山科〜御陵　1963（昭和38）年7月29日　撮影：荒川好夫（RGG）

70形72と20形22のすれ違いシーン。70形は守口工場で戦中に竣工した車両と、戦後に滋賀県の東洋機械興業（東洋レーヨン系の会社）で竣工した車両があり、72は後者で1948（昭和23）年竣工。同年衝突事故車となり東洋機械興業へ修理のため入場していたため、翌年の四宮車庫火災で焼失することなく生き延びた。
◎京阪山科〜御陵　1963（昭和38）年7月29日　撮影：荒川好夫（RGG）

特急「びわこ号」試運転の様子。営業運転開始は1934（昭和9）年4月。写真は浜大津へ向かう60型を後追いしたシーン。写真左側に写るのは大谷駅で写真手前は東海道本線の旧線跡。60型は京津線の急曲線対策として2車体連接構造を採用。京阪本線と京津線を直通するため、パンタグラフとダブルポールを備えた。
◎追分〜大谷　1934（昭和9）年3月23日　撮影：朝日新聞社

80形三条行。行先標識板は三條と旧字体になっているが、駅名は写真の前年に新字体の三条へ改められている。写真は京津線の浜大津駅と京津線のカーブ。現在とは逆側に駅があった。写真右側の先には当時、石山坂本線用の浜大津駅が所在し、ここが後に京津線と石山坂本線ののりばを統合した駅になる。
◎浜大津　1964（昭和39）年2月
撮影：白井 昭（NRA）

三条発石山寺行の急行。写真左側が上栄町方面で写真右側先に京津線の浜大津駅。現在の駅とは位置が異なる。車の向こうに「おみやげ ゑびすや」と大きく書かれた商店が写る。「鮒寿司」「鮎あめ煮」「走井餅」の看板が見られ、琵琶湖名産や大津みやげを扱っていた。
◎浜大津　1964（昭和39）年2月
撮影：白井 昭（NRA）

京津線80形の三条行が浜大津駅を発車して、逢坂山へ続く上り勾配の併用軌道を行く。吊り掛け駆動車ながら、勾配や併用軌道という特殊な条件でも性能の高い80形なら安心で、丸みのある車体とともに長年親しまれた。
◎浜大津～上栄町　1964（昭和39）年2月　撮影：白井 昭（NRA）

20形22の浜大津行が京津線浜大津駅へ入るところを後追い撮影したシーン。22の台車が石山坂本線との軌道交差部分を通過している。石山坂本線坂本方面は写真左側に写る通りで、三井寺駅まで併用軌道。
◎浜大津　1964（昭和39）年2月　撮影：白井 昭（NRA）

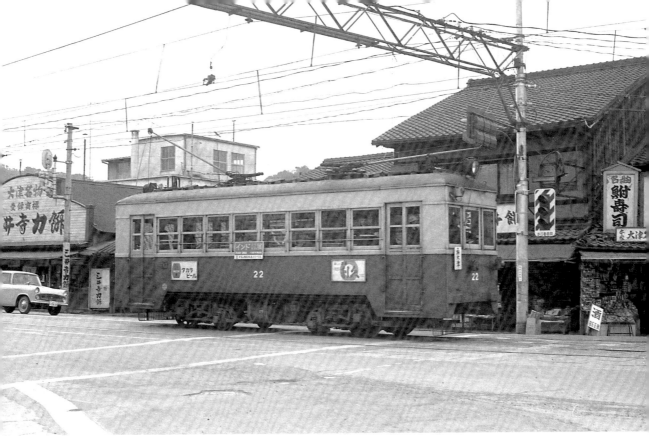

京津線を行く20形22の浜大津行。京津線浜大津駅は写真右に写るおみやげ屋を過ぎて交差点を左へカーブすればすぐ。現在の京津線は右にカーブしてびわ湖浜大津駅に到着する。写真左側には三井寺力餅の店が写る。
◎浜大津　1964（昭和39）年2月　撮影：白井 昭（NRA）

京津線の80形三条行が上栄町駅方面へ向けて走る。浜大津の複雑な架線の中にポール集電時代の80形。写真奥側は琵琶湖。写真右に写る駅舎は江若鉄道の浜大津駅舎。駅舎の向こうには広めの駅構内が横たわっていた。
◎浜大津　1964（昭和39）年2月　撮影：白井 昭（NRA）

石山坂本線

10形12。10形は1949（昭和24）年の四宮車庫火災で焼失した車両不足を救うため、阪急から転入した車両。火災発生当時、京阪は阪急と同じ京阪神急行電鉄だった（同年に再独立）。石山寺駅は瀬田川畔の静かな駅。駅名が示すとおり、石山寺への最寄り駅だ。◎石山寺　1964（昭和39）年2月　撮影：白井 昭（NRA）

京阪石山駅を発車した260形急行石山寺行を後追い撮影したシーン。写真右側に見える陸橋は国道1号。写真左側には、後に平和堂石山店が開業する。石山は高度経済成長期に入って宅地開発が急速に進み、京阪石山坂本線との乗換駅である国鉄石山駅は滋賀県で一番乗降客数が多い駅として知られていた。現在は、南草津駅、草津駅に次いで第3位である。
◎京阪石山～唐橋前
1964（昭和39）年
撮影：白井 昭（NRA）

頭端式の3面2線。現在も同じ構造を受け継いでいる。10形12と並ぶのは260形3次車の279。まだ新車だった時代で、当時は
ポール集電であった。急行標識板には京都三条とあり、石山寺と三条が線路で結ばれていた古き良き時代を感じさせる。
◎石山寺　1964（昭和39）年2月　撮影：白井 昭（NRA）

57年前の風景だが、現在もほぼ同じような風景が残っている。浜大津方面からやってきた260形がガーダー橋で東海道本線を
オーバークロスしたところ。その先の急カーブを過ぎると国鉄石山駅のプラットホームを車窓左手（写真右側）に見ながら、駅
前広場の端にあった京阪石山駅の旧駅へ向かう。◎粟津〜京阪石山　1964（昭和39）年　撮影：白井 昭（NRA）

京阪石山駅（旧駅）へ向けて国鉄石山
駅の横を走る260形急行石山寺行。
現在の京阪石山駅はJRの石山駅の横
にあり、写真右側の先あたりになる。
写真左側が東海道本線で当時は複線。
その後、1970（昭和45）年に草津〜
京都間の複々線化が完成する。
◎粟津〜京阪石山
1964（昭和39）年
撮影：白井 昭（NRA）

膳所本町駅と10形14の石山寺行が写
る。プラットホームが千鳥配置の瓦ヶ
浜や中ノ庄駅とは異なる相対式ホー
ムの駅。現在は左の古民家はなく、右側
の民家は建て変わっている。駅は滋賀
県立膳所高校の最寄り駅で通学生の利
用が多い。
◎膳所本町　1964（昭和39）年2月
撮影：白井 昭（NRA）

元阪急の10形14の石山寺行が走る。写真は国鉄石山駅側から撮影したシーン。現在もJRの石山駅プラットホームから京阪石山坂本線を行き交う電車を眺めることができる。現在は、写真の左先あたりに移転後の京阪石山駅があり、JR駅と並んでいる。
◎粟津〜京阪石山　1964（昭和39）年　撮影：白井 昭（NRA）

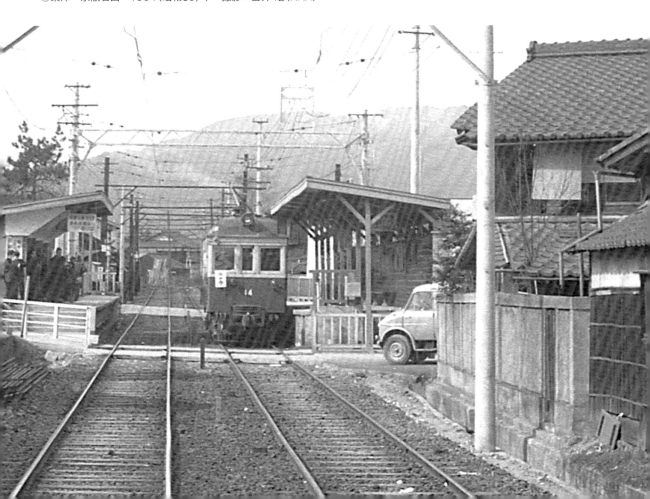

三条発石山寺行の急行を後追い撮影した写真。右に写るのりばが石山坂本線のりばと同線用の駅舎。左に写る大きめの駅舎は江若鉄道浜大津駅の駅舎。後の浜大津駅（現・びわ湖浜大津駅）は石山坂本線のりば跡を活用している。
◎浜大津　1964（昭和39）年2月　撮影：白井 昭（NRA）

10形13による浜大津行。現在のびわ湖浜大津駅への交差点へ入る前の三井寺駅寄りの併用軌道区間。道路沿いの建物は建て変わっているものが見られるものの、ほぼ現在も同様の雰囲気を残すところ。写真右奥に京都屋の屋号の店が写るが、ここには現在も同じ屋号の質屋がある。◎浜大津　1964（昭和39）年2月　撮影：白井 昭（NRA）

三条発石山寺行の急行。京津線からやってきた石山坂本線直通電車は、一旦京津線ののりばに入線（写真左側の先）し、写真のように石山坂本線ののりば方向へ走って石山寺方面へ向かった。◎浜大津　1964（昭和39）年2月　撮影：白井 昭（NRA）

10形14の坂本行を後追い撮影。運転台に制帽を被った人が写るが、運転操縦とは無関係で電車は写真左側の三井寺駅方面へ向けて走る。14の背後は京津線のりばと同線用の駅舎。「京都へ急行20分」というPR看板が付いた柱が並ぶ。
◎浜大津　1964（昭和39）年2月　撮影：白井 昭（NRA）

10形12のサイドビュー。写真右側の先が石山坂本線のりば。写真左側のカーブは京津線。写真奥が琵琶湖側で、右に写る駅舎は江若鉄道の起点駅浜大津駅。江若鉄道は浜大津～近江今津間の湖西を走った非電化ローカル線だった。1969(昭和44)年に全線廃止となり、跡地の一部は国鉄湖西線へ転用されている。◎浜大津　1964（昭和39）年2月　撮影：白井 昭（NRA）

30形36を先頭にした石山寺行。写真左奥の先が三井寺駅。当時の京津線浜大津駅と石山坂本線の位置関係がよくわかる写真。石山坂本線の軌道はほぼ現在と同様。写真右側が京津線浜大津駅で、現在は第３セクター方式の複合施設である明日都浜大津が建つ。◎浜大津　1964（昭和39）年２月　撮影：白井 昭（NRA）

10形13の浜大津行。三井寺駅を
発車して終着浜大津駅に到着す
るところ。奥に写るのりばは石
山坂本線の浜大津駅と同線のり
ば用の駅舎。看板には石山寺駅
から先の宇治川ラインや坂本駅
アクセスの比叡山のPRが見られ
る。写真左端には近江鉄道の路
線バス（手前）も写り、現在も路
線を持つ。
◎浜大津
1964（昭和39）年2月
撮影：白井 昭（NRA）

琵琶湖と京阪石山坂本線と言えば、滋賀里～穴太間。写真は山側から俯瞰した写真。30形41と43による坂本行。京阪特急色で京津線の急行として活躍した30形だったが、写真当時は緑系の一般色となり、石山坂本線を安住の地としていた。
◎滋賀里～穴太
1964（昭和39）年2月
撮影：白井 昭（NRA）

10形13の近江神宮前行。写真右側の石
山坂本線浜大津駅から写真左側先の三
井寺駅へ向かうところ。左奥が京津線
浜大津駅で、写真右奥に写る建物は江
若鉄道のバスのりば。近江神宮前駅に
は隣接して錦織車庫がある。
◎浜大津　1964（昭和39）年２月
撮影：白井 昭（NRA）

京阪電気鉄道の各駅データ

【京阪本線】

淀屋橋　よどやばし
【所在地】大阪府大阪市中央区北浜 3 - 1 -25
【開業】1963（昭和38）年 4 月16日
【キロ程】0.0km（淀屋橋起点）
【ホーム】1 面 3 線（ 4 番線まであり）
【乗降人員】110,720人（2019年度）

北浜　きたはま
【所在地】大阪府大阪市中央区北浜 1 - 8 -16
【開業】1963（昭和38）年 4 月16日
【キロ程】0.5km（淀屋橋起点）
【ホーム】1 面 2 線
【乗降人員】38,678人（2019年度）

天満橋　てんまばし
【所在地】大阪府大阪市中央区
　　　　　天満橋京町 1 - 1
【開業】1910（明治43）年 4 月15日
【キロ程】1.3km（淀屋橋起点）
【ホーム】3 面 4 線
【乗降人員】58,348人（2019年度）

京橋　きょうばし
【所在地】大阪府大阪市都島区
　　　　　東野田町 2 - 1 -38
【開業】1910（明治43）年 4 月15日
　　　　　（蒲生→京橋）
【キロ程】3.0km（淀屋橋起点）
【ホーム】2 面 4 線
【乗降人員】173,769人（2019年度）

野江　のえ
【所在地】大阪府大阪市城東区成育 3 -15- 7
【開業】1931（昭和 6 ）年10月14日
【キロ程】4.6km（淀屋橋起点）
【ホーム】2 面 2 線（通過線 2 線あり）
【乗降人員】13,594人（2019年度）

関目　せきめ
【所在地】大阪府大阪市城東区関目 5 - 1 - 6
【開業】1931（昭和 6 ）年10月14日
【キロ程】5.3km（淀屋橋起点）
【ホーム】2 面 2 線（通過線 2 線あり）
【乗降人員】14,673人（2019年度）

森小路　もりしょうじ
【所在地】大阪府大阪市旭区森小路 1 - 4 -15
【開業】1931（昭和 6 ）年10月14日
　　　　　（新森小路→森小路）
【キロ程】6.2km（淀屋橋起点）
【ホーム】2 面 4 線（内側 2 線は通過線）
【乗降人員】10,035人（2019年度）

千林　せんばやし
【所在地】大阪府大阪市旭区千林 1 -11-15
【開業】1931（昭和 6 ）年10月14日
　　　　　（森小路→森小路千林→千林）
【キロ程】6.8km（淀屋橋起点）
【ホーム】2 面 2 線（通過線 2 線あり）
【乗降人員】8,346人（2019年度）

滝井　たきい
【所在地】大阪府守口市紅屋町 8 - 8
【開業】1931（昭和 6 ）年10月14日
【キロ程】7.2km（淀屋橋起点）
【ホーム】2 面 2 線（通過線 2 線あり）
【乗降人員】6,814人（2019年度）

土居　どい
【所在地】大阪府守口市文園町 4 - 5
【開業】1932（昭和 7 ）年 6 月14日
【キロ程】7.6km（淀屋橋起点）
【ホーム】2 面 2 線（通過線 2 線あり）
【乗降人員】5,677人（2019年度）

守口市　もりぐちし
【所在地】大阪府守口市河原町 1 - 1
【開業】1910（明治43）年 4 月15日
　　　　　（守口→守口市）
【キロ程】8.3km（淀屋橋起点）
【ホーム】2 面 4 線
【乗降人員】36,161人（2019年度）

西山荘　にしさんそう
【所在地】大阪府門真市元町26-22
【開業】1975（昭和50）年 3 月23日
【キロ程】9.4km（淀屋橋起点）
【ホーム】2 面 2 線（通過線 2 線あり）
【乗降人員】22,713人（2019年度）

門真市　かどまし
【所在地】大阪府門真市新橋町436- 1
【開業】1971（昭和46）年 6 月20日
　　　　　（新門真→門真市）
【キロ程】10.1km（淀屋橋起点）
【ホーム】2 面 2 線（通過線 2 線あり）
【乗降人員】30,439人（2019年度）

古川橋　ふるかわばし
【所在地】大阪府門真市末広町482
【開業】1910（明治43）年 4 月15日
【キロ程】10.8km（淀屋橋起点）
【ホーム】2 面 2 線（通過線 2 線あり）
【乗降人員】21,929人（2019年度）

大和田　おおわだ
【所在地】大阪府門真市常称寺町201
【開業】1932（昭和 7 ）年10月 4 日
【キロ程】12.0km（淀屋橋起点）
【ホーム】2 面 2 線（通過線 2 線あり）
【乗降人員】22,252人（2019年度）

萱島　かやしま
【所在地】大阪府寝屋川市萱島本町198- 1
【開業】1910（明治43）年 4 月15日
【キロ程】12.8km（淀屋橋起点）
【ホーム】2 面 4 線
【乗降人員】27,841人（2019年度）

寝屋川市　ねやがわし
【所在地】大阪府寝屋川市早子町16-11
【開業】1910（明治43）年 4 月15日
　　　　　（寝屋川→寝屋川市）
【キロ程】15.0km（淀屋橋起点）
【ホーム】2 面 2 線
【乗降人員】64,411人（2019年度）

香里園　こうりえん
【所在地】大阪府寝屋川市香里南之町19- 1
【開業】1910（明治43）年 4 月15日
　　　　　（香里→香里園）
【キロ程】17.6km（淀屋橋起点）
【ホーム】2 面 4 線
【乗降人員】59,025人（2019年度）

光善寺　こうぜんじ
【所在地】大阪府枚方市北中振 1 -17-15
【開業】1910（明治43）年12月15日
【キロ程】19.1km（淀屋橋起点）
【ホーム】2 面 2 線
【乗降人員】21,799人（2019年度）

枚方公園　ひらかたこうえん
【所在地】大阪府枚方市伊加賀東町 3 - 8
【開業】1910（明治43）年 4 月15日
　　　　　（枚方→枚方公園）
【キロ程】20.8km（淀屋橋起点）
【ホーム】2 面 2 線
【乗降人員】20,741人（2019年度）

枚方市　ひらかたし
【所在地】大阪府枚方市岡東町19-14
【開業】1910（明治43）年 4 月15日
　　　　　（枚方東口→枚方市）
【キロ程】21.8km（淀屋橋起点）
【ホーム】3 面 6 線
【乗降人員】96,604人（2019年度）

御殿山　ごてんやま
【所在地】大阪府枚方市御殿山町 2 - 2
【開業】1929（昭和 4 ）年 5 月25日
【キロ程】23.4km（淀屋橋起点）
【ホーム】2 面 2 線
【乗降人員】13,918人（2019年度）

牧野　まきの
【所在地】大阪府枚方市牧野阪 2 - 4 - 2
【開業】1910（明治43）年 4 月15日
【キロ程】25.5km（淀屋橋起点）
【ホーム】2 面 2 線
【乗降人員】23,327人（2019年度）

樟葉　くずは
【所在地】大阪府枚方市楠葉花園町14- 1
【開業】1910（明治43）年 4 月15日
【キロ程】27.7km（淀屋橋起点）
【ホーム】2 面 4 線
【乗降人員】60,402人（2019年度）

橋本　はしもと
【所在地】京都府八幡市橋本中ノ町37
【開業】1910（明治43）年 4 月15日
【キロ程】30.1km（淀屋橋起点）
【ホーム】2 面 2 線
【乗降人員】5,932人（2019年度）

石清水八幡宮　いわしみずはちまんぐう
【所在地】京都府八幡市八幡高坊8‐7
【開業】1910（明治43）年4月15日
　　　　（八幡→石清水八幡宮前→八幡町→
　　　　八幡市→石清水八幡宮）
【キロ程】31.8km（淀屋橋起点）
【ホーム】2面2線
【乗降人員】9,036人（2019年度）

淀　よど
【所在地】京都府京都市伏見区
　　　　淀池上町14‐2
【開業】1910（明治43）年4月15日
【キロ程】35.0km（淀屋橋起点）
【ホーム】2面4線
【乗降人員】10,473人（2019年度）

中書島　ちゅうしょじま
【所在地】京都府京都市伏見区葭島矢倉町59
【開業】1910（明治43）年4月15日
【キロ程】39.7km（淀屋橋起点）
【ホーム】3面4線
【乗降人員】11,765人（2019年度）

伏見桃山　ふしみももやま
【所在地】京都府京都市伏見区京町3-173
【開業】1910（明治43）年4月15日
　　　　（伏見→伏見桃山）
【キロ程】40.6km（淀屋橋起点）
【ホーム】2面2線
【乗降人員】9,344人（2019年度）

丹波橋　たんばばし
【所在地】京都府京都市伏見区
　　　　桃山筒井伊賀西町15
【開業】1910（明治43）年6月20日
　　　　（桃山→丹波橋）
【キロ程】41.3km（淀屋橋起点）
【ホーム】2面4線
【乗降人員】42,522人（2019年度）

墨染　すみぞめ
【所在地】京都府京都市伏見区墨染町691
【開業】1910（明治43）年4月15日
【キロ程】42.3km（淀屋橋起点）
【ホーム】2面2線
【乗降人員】7,216人（2019年度）

藤森　ふじのもり
【所在地】京都府京都市伏見区
　　　　深草極楽町764
【開業】1910（明治43）年4月15日
　　　　（師団前→藤森）
【キロ程】43.3km（淀屋橋起点）
【ホーム】2面2線
【乗降人員】12,281人（2019年度）

龍谷大前深草　りゅうこくだいまえふかくさ
【所在地】京都府京都市伏見区
　　　　深草ススハキ町38
【開業】1910（明治43）年4月15日
　　　　（稲荷→深草→龍谷大前深草）
【キロ程】44.1km（淀屋橋起点）
【ホーム】2面4線
【乗降人員】10,648人（2019年度）

伏見稲荷　ふしみいなり
【所在地】京都府京都市伏見区深草一坪町33
【開業】1910（明治43）年4月15日
　　　　（稲荷新道→稲荷→稲荷神社前→伏
　　　　見稲荷）
【キロ程】44.6km（淀屋橋起点）
【ホーム】2面2線
【乗降人員】13,314人（2019年度）

鳥羽街道　とばかいどう
【所在地】京都府京都市東山区
　　　　福稲下高松町4
【開業】1910（明治43）年4月15日
【キロ程】45.2km（淀屋橋起点）
【ホーム】2面2線
【乗降人員】3,104人（2019年度）

東福寺　とうふくじ
【所在地】京都府京都市東山区本町12-224
【開業】1910（明治43）年4月15日
【キロ程】46.1km（淀屋橋起点）
【ホーム】2面2線
【乗降人員】17,281人（2019年度）

七条　しちじょう
【所在地】京都府京都市東山区七条大橋東詰
【開業】1913（大正2）年4月27日
【キロ程】47.0km（淀屋橋起点）
【ホーム】2面2線
【乗降人員】15,855人（2019年度）

清水五条　きよみずごじょう
【所在地】京都府京都市東山区五条大橋東詰
【開業】1910（明治43）年4月15日
　　　　（五条→清水五条）
【キロ程】47.7km（淀屋橋起点）
【ホーム】1面2線
【乗降人員】9,292人（2019年度）

祇園四条　ぎおんしじょう
【所在地】京都府京都市東山区四条大橋東詰
【開業】1915（大正4）年10月27日
　　　　（四条→祇園四条）
【キロ程】48.6km（淀屋橋起点）
【ホーム】1面2線
【乗降人員】49,825人（2019年度）

三条　さんじょう
【所在地】京都府京都市東山区三条大橋東詰
【開業】1915（大正4）年10月27日
【キロ程】49.3km（淀屋橋起点）
【ホーム】2面4線
【乗降人員】35,617人（2019年度）

【鴨東線】

三条　さんじょう
【所在地】京都府京都市東山区三条大橋東詰
【開業】1989（平成元）年10月5日
【キロ程】0.0km（三条起点）
【ホーム】2面4線
【乗降人員】35,617人（2019年度）

神宮丸太町　じんぐうまるたまち
【所在地】京都府京都市左京区丸太町橋東詰
【開業】1989（平成元）年10月5日
　　　　（丸太町→神宮丸太町）
【キロ程】1.0km（三条起点）
【ホーム】1面2線
【乗降人員】8,486人（2019年度）

出町柳　でまちやなぎ
【所在地】京都府京都市左京区賀茂大橋東詰
【開業】1989（平成元）年10月5日
【キロ程】2.3km（三条起点）
【ホーム】1面2線
【乗降人員】39,096人（2019年度）

【中之島線】

中之島　なかのしま
【所在地】大阪府大阪市北区中之島5‐3-50
【開業】2008（平成20）年10月19日
【キロ程】0.0km（中之島起点）
【ホーム】1面3線
【乗降人員】9,560人（2019年度）

渡辺橋　わたなべばし
【所在地】大阪府大阪市北区中之島3‐2-30
【開業】2008（平成20）年10月19日
【キロ程】0.9km（中之島起点）
【ホーム】1面2線
【乗降人員】11,594人（2019年度）

大江橋　おおえばし
【所在地】大阪府大阪市北区中之島2‐1-40
【開業】2008（平成20）年10月19日
【キロ程】1.4km（中之島起点）
【ホーム】1面2線
【乗降人員】6,088人（2019年度）

なにわ橋　なにわばし
【所在地】大阪府大阪市北区中之島1‐1‐1
【開業】2008（平成20）年10月19日
【キロ程】2.0km（中之島起点）
【ホーム】1面2線
【乗降人員】2,885人（2019年度）

天満橋　てんまばし
【所在地】大阪府大阪市中央区
　　　　天満橋京町1‐1
【開業】2008（平成20）年10月19日
【キロ程】3.0km（中之島起点）
【ホーム】3面4線
【乗降人員】58,348人（2019年度）

※各種資料をもとに編集部にて作成

【交野線】

枚方市　ひらかたし
【所在地】大阪府枚方市岡東町19-14
【開業】1929（昭和4）年7月10日
　　　（枚方東口→枚方市）
【キロ程】0.0km（枚方市起点）
【ホーム】3面6線
【乗降人員】96,604人（2019年度）

宮之阪　みやのさか
【所在地】大阪府枚方市宮之阪1-755-2
【開業】1940（昭和15）年9月11日
　　　（中宮→宮之阪）
【キロ程】1.0km（枚方市起点）
【ホーム】2面2線
【乗降人員】6,153人（2019年度）

星ケ丘　ほしがおか
【所在地】大阪府枚方市星丘2-1-1
【開業】1938（昭和13）年11月1日
【キロ程】1.7km（枚方市起点）
【ホーム】2面2線
【乗降人員】4,885人（2019年度）

村野　むらの
【所在地】大阪府枚方市村野本町1-25
【開業】1929（昭和4）年7月10日
【キロ程】2.5km（枚方市起点）
【ホーム】2面2線
【乗降人員】4,840人（2019年度）

郡津　こうづ
【所在地】大阪府交野市郡津5-11-1
【開業】1929（昭和4）年7月10日
【キロ程】3.4km（枚方市起点）
【ホーム】2面2線
【乗降人員】6,768人（2019年度）

交野市　かたのし
【所在地】大阪府交野市私部3-18-15
【開業】1929（昭和4）年7月10日
　　　（交野→交野市）
【キロ程】4.4km（枚方市起点）
【ホーム】2面2線
【乗降人員】10,295人（2019年度）

河内森　かわちもり
【所在地】大阪府交野市私市1-2-1
【開業】1930（昭和5）年10月21日
【キロ程】6.1km（枚方市起点）
【ホーム】2面2線
【乗降人員】11,320人（2019年度）

私市　きさいち
【所在地】大阪府交野市私市山手3-6-32
【開業】1929（昭和4）年7月10日
【キロ程】6.9km（枚方市起点）
【ホーム】2面2線
【乗降人員】3,121人（2019年度）

【宇治線】

中書島　ちゅうしょじま
【所在地】京都府京都市伏見区葭島矢倉町59
【開業】1913（大正2）年6月1日
【キロ程】0.0km（中書島起点）
【ホーム】3面4線
【乗降人員】11,765人（2019年度）

観月橋　かんげつきょう
【所在地】京都府京都市伏見区豊後橋町761
【開業】1913（大正2）年6月1日
【キロ程】0.7km（中書島起点）
【ホーム】2面2線
【乗降人員】3,945人（2019年度）

桃山南口　ももやまみなみぐち
【所在地】京都府京都市伏見区桃山町丹後11
【開業】1913（大正2）年6月1日
　　　（御陵前→桃山南口）
【キロ程】2.3km（中書島起点）
【ホーム】2面2線
【乗降人員】4,467人（2019年度）

六地蔵　ろくじぞう
【所在地】京都府京都市伏見区中島町2
【開業】1913（大正2）年6月1日
【キロ程】3.1km（中書島起点）
【ホーム】2面2線
【乗降人員】8,489人（2019年度）

木幡　こわた
【所在地】京都府宇治市木幡西中23
【開業】1913（大正2）年6月1日
【キロ程】3.9km（中書島起点）
【ホーム】2面2線
【乗降人員】2,899人（2019年度）

黄檗　おうばく
【所在地】京都府宇治市五ケ庄西浦37
【開業】1913（大正2）年6月1日
　　　（黄檗山→黄檗）
【キロ程】5.4km（中書島起点）
【ホーム】2面2線
【乗降人員】2,620人（2019年度）

三室戸　みむろど
【所在地】京都府宇治市菟道田中15
【開業】1917（大正6）年2月1日
【キロ程】7.2km（中書島起点）
【ホーム】1面2線
【乗降人員】2,263人（2019年度）

宇治　うじ
【所在地】京都府宇治市宇治乙方18-5
【開業】1913（大正2）年6月1日
【キロ程】7.6km（中書島起点）
【ホーム】1面2線
【乗降人員】2,923人（2019年度）

【京津線】

御陵　みささぎ
【所在地】京都府京都市山科区御陵原西町
【開業】1912（大正元）年8月15日
【キロ程】0.0km（御陵起点）
【ホーム】2面4線
【乗降人員】8,585人（2019年度）

京阪山科　けいはんやましな
【所在地】京都府京都市山科区安朱桟敷町
【開業】1912（大正元）年8月15日
　　　（毘沙門道→山科駅前→京阪山科）
【キロ程】1.5km（御陵起点）
【ホーム】2面2線
【乗降人員】5,197人（2019年度）

四宮　しのみや
【所在地】京都府京都市山科区
　　　　四ノ宮堂ノ後町
【開業】1912（大正元）年8月15日
【キロ程】2.1km（御陵起点）
【ホーム】2面3線
【乗降人員】2,880人（2019年度）

追分　おいわけ
【所在地】滋賀県大津市追分町6-26
【開業】1912（大正元）年8月15日
【キロ程】3.4km（御陵起点）
【ホーム】2面2線
【乗降人員】1,683人（2019年度）

大谷　おおたに
【所在地】滋賀県大津市大谷町23-5
【開業】1912（大正元）年8月15日
【キロ程】5.0km（御陵起点）
【ホーム】2面2線
【乗降人員】372人（2019年度）

上栄町　かみさかえまち
【所在地】滋賀県大津市札の辻1-7
【開業】1912（大正元）年8月15日
　　　（長等公園下→上栄町）
【キロ程】6.7km（御陵起点）
【ホーム】2面2線
【乗降人員】1,653人（2019年度）

びわ湖浜大津　びわこはまおおつ
【所在地】滋賀県大津市浜大津1-3-8
【開業】1925（大正14）年5月5日
　　　（浜大津→びわ湖浜大津）
【キロ程】7.5km（御陵起点）
【ホーム】1面2線
【乗降人員】5,973人（2019年度）

【石山坂本線】

石山寺　いしやまでら
【所在地】滋賀県大津市蛍谷5-13
【開業】1914（大正3）年6月4日
　　　　（石山寺→石山螢谷→石山寺）
【キロ程】0.0km（石山寺起点）
【ホーム】3面2線
【乗降人員】2,175人（2019年度）

唐橋前　からはしまえ
【所在地】滋賀県大津市鳥居川町7-10
【開業】1914（大正3）年1月17日
【キロ程】0.7km（石山寺起点）
【ホーム】2面2線
【乗降人員】1,664人（2019年度）

京阪石山　けいはんいしやま
【所在地】滋賀県大津市粟津町2-28
【開業】1914（大正3）年1月12日
　　　　（石山駅前→京阪石山）
【キロ程】1.6km（石山寺起点）
【ホーム】1面2線
【乗降人員】7,847人（2019年度）

粟津　あわづ
【所在地】滋賀県大津市別保1-7-6
【開業】1913（大正2）年5月1日
　　　　（別保→粟津）
【キロ程】2.4km（石山寺起点）
【ホーム】2面2線
【乗降人員】1,372人（2019年度）

瓦ヶ浜　かわらがはま
【所在地】滋賀県大津市中庄1-23-16
【開業】1913（大正2）年5月1日
【キロ程】2.8km（石山寺起点）
【ホーム】2面2線
【乗降人員】1,500人（2019年度）

中ノ庄　なかのしょう
【所在地】滋賀県大津市中庄2-16-2
【開業】1913（大正2）年5月1日
【キロ程】3.3km（石山寺起点）
【ホーム】2面2線
【乗降人員】1,683人（2019年度）

膳所本町　ぜぜほんまち
【所在地】滋賀県大津市膳所2-8-5
【開業】1913（大正2）年3月1日
　　　　（膳所→膳所本町）
【キロ程】3.8km（石山寺起点）
【ホーム】2面2線
【乗降人員】3,372人（2019年度）

錦　にしき
【所在地】滋賀県大津市昭和町2-8
【開業】1913（大正2）年3月1日
【キロ程】4.2km（石山寺起点）
【ホーム】2面2線
【乗降人員】1,891人（2019年度）

京阪膳所　けいはんぜぜ
【所在地】滋賀県大津市馬場2-11-6
【開業】1913（大正2）年3月1日
　　　　（馬場→膳所駅前→京阪膳所）
【キロ程】4.7km（石山寺起点）
【ホーム】2面2線
【乗降人員】5,792人（2019年度）

石場　いしば
【所在地】滋賀県大津市松本2-15-6
【開業】1913（大正2）年3月1日
【キロ程】5.5km（石山寺起点）
【ホーム】2面2線
【乗降人員】3,202人（2019年度）

島ノ関　しまのせき
【所在地】滋賀県大津市島の関10-7
【開業】1913（大正2）年3月1日
【キロ程】6.0km（石山寺起点）
【ホーム】2面2線
【乗降人員】2,219人（2019年度）

びわ湖浜大津　びわこはまおおつ
【所在地】滋賀県大津市浜大津1-3-8
【開業】1913（大正2）年3月1日
　　　　（大津→浜大津→浜大津東口→
　　　　浜大津→びわ湖浜大津）
【キロ程】6.7km（石山寺起点）
【ホーム】1面2線
【乗降人員】5,973人（2019年度）

三井寺　みいでら
【所在地】滋賀県大津市浜大津3-6-12
【開業】1922（大正11）年5月7日
【キロ程】7.2km（石山寺起点）
【ホーム】2面2線
【乗降人員】1,738人（2019年度）

大津市役所前　おおつしやくしょまえ
【所在地】滋賀県大津市御陵町5-1
【開業】1927（昭和2）年5月15日
　　　　（兵営前→別所→大津市役所前）
【キロ程】8.0km（石山寺起点）
【ホーム】2面2線
【乗降人員】2,440人（2019年度）

京阪大津京　けいはんおおつきょう
【所在地】滋賀県大津市皇子が丘2-5-1
【開業】1946（昭和21）年3月1日
　　　　（皇子山→京阪大津京）
【キロ程】8.5km（石山寺起点）
【ホーム】2面2線
【乗降人員】6,464人（2019年度）

近江神宮前　おうみじんぐうまえ
【所在地】滋賀県大津市錦織2-7-16
【開業】1927（昭和2）年5月15日
　　　　（錦織→近江神宮前→錦織→近江神宮前）
【キロ程】9.1km（石山寺起点）
【ホーム】2面2線
【乗降人員】1,317人（2019年度）

南滋賀　みなみしが
【所在地】滋賀県大津市南滋賀3-9-8
【開業】1927（昭和2）年5月15日
【キロ程】10.0km（石山寺起点）
【ホーム】2面2線
【乗降人員】2,145人（2019年度）

滋賀里　しがさと
【所在地】滋賀県大津市見世2-14-7
【開業】1927（昭和2）年5月15日
【キロ程】10.8km（石山寺起点）
【ホーム】2面2線
【乗降人員】1,981人（2019年度）

穴生　あのお
【所在地】滋賀県大津市穴太2-8-1
【開業】1927（昭和2）年5月15日
【キロ程】12.3km（石山寺起点）
【ホーム】2面2線
【乗降人員】918人（2019年度）

松ノ馬場　まつのばんば
【所在地】滋賀県大津市坂本2-10-66
【開業】1927（昭和2）年5月15日
【キロ程】13.5km（石山寺起点）
【ホーム】2面2線
【乗降人員】1,563人（2019年度）

坂本比叡山口　さかもとひえいざんぐち
【所在地】滋賀県大津市坂本4-12-35
【開業】1927（昭和2）年8月13日
　　　　（坂本→坂本比叡山口）
【キロ程】14.1km（石山寺起点）
【ホーム】1面2線
【乗降人員】2,464人（2019年度）

【石清水八幡宮参道ケーブル】

ケーブル八幡宮口
けーぶるはちまんぐうぐち
【所在地】京都府八幡市八幡高坊2
【開業】1926（大正15）年6月22日
　　　　（八幡口→八幡町→八幡市→ケーブル八幡宮口）
【キロ程】0.0km（ケーブル八幡宮口起点）
【ホーム】2面1線

ケーブル八幡宮山上
けーぶるはちまんぐうさんじょう
【所在地】京都府八幡市八幡平ノ山85-1
【開業】1926（大正15）年6月22日
　　　　（男山→八幡宮→男山山上→ケーブル八幡宮山上）
【キロ程】0.4km
【ホーム】2面1線（ケーブル八幡宮口起点）

※各種資料をもとに編集部にて作成

辻 良樹（つじ よしき）

1967（昭和42）年1月、滋賀県生まれ。鉄道PR誌編集を経てフリーに。著書に『関西 鉄道考古学探見』『にっぽん列島車両図鑑』（ともにJTBパブリッシング）のほか、最近の著作に『北海道の廃線記録』（全4巻）や『北海道の国鉄アルバム』（全3巻）（ともにフォト・パブリッシング）などがある。私鉄についても著作多数。

【写真撮影・提供】

J.WALLY HIGGINS、荻原二郎、白井 昭、野口昭雄、服部重敬

（RGG）荒川好夫、伊藤威信、牛島 完、小賀野 実、松本正敏、宮澤孝一、森嶋孝司、諸河 久、焼田 健

朝日新聞社、毎日新聞社

【写真提供】

名古屋レール・アーカイブス（NRA）※J.WALLY HIGGINS、白井 昭両氏の写真

【沿線案内図、絵葉書提供・文】

生田 誠

しょうわ　へいせい
昭和〜平成

けいはんでんき てつどうえんせん
京阪電気鉄道沿線アルバム

発行日……………………2021年9月5日　第1刷　※定価はカバーに表示してあります。

解説………………………辻 良樹

発行者……………………春日俊一

発行所……………………株式会社アルファベータブックス

　　　　　　　　　　　　〒102-0072　東京都千代田区飯田橋 2-14-5 定谷ビル

　　　　　　　　　　　　TEL. 03-3239-1850　FAX.03-3239-1851

　　　　　　　　　　　　https://alphabetabooks.com/

編集協力…………………株式会社フォト・パブリッシング

デザイン・DTP ………柏倉栄治

印刷・製本………………モリモト印刷株式会社

ISBN978-4-86598-874-1　C0026

東急電鉄
昭和～平成の記録

解説 山田 亮

桜木町で折り返した8000系の特急渋谷行（最後部はクハ8010）。東横線特急は2001年3月28日から運転を開始。2001年12月開通のJR湘南新宿ライン（横浜～渋谷間乗り換えなし）に対抗し、先手を打つ形で東横特急が登場した。
◎桜木町　2004（平成16）年1月　撮影：山田 亮

.....Contents

デハ3500形3520先頭の目蒲線蒲田行。目蒲線、池上線の旧形車は1989年に7700、7200系に置き換えられた。
◎多摩川園　1989（平成元）年３月　撮影：山田 亮

はじめに

　東急電鉄が関東民鉄の代表格であることは言うまでもない。だが華やかな印象が今一つなのは沿線に小田急の箱根、東武の日光のような著名観光地がなく、専用車両による座席指定列車もなく通勤輸送専業の印象が強いからだろう。路線延長も100.7km（東急新横浜線5.8kmを含む、田園調布～多摩川間0.8kmはダブルカウント、こどもの国線は含まず）であるが、輸送人員は1日平均約320万人で民鉄では最大、輸送密度も1日平均29万人で東京メトロに次いでいる。（いずれも2019年度の数値）ハイセンスな東横線、高級住宅地の田園都市線とイメージもよく、「住みたい路線」のトップにランクされる。

　東急は技術面でも先進的で常に最新性能の車両を投入している。1954年登場の5000系は軽量張殻構造の高性能車で東急の名を一躍有名にした。1962年登場の7000系は初のオールステンレスカーで「銀色の電車」が東急のイメージになった。1969年登場の8000系は初の界磁チョッパ制御でその発展型（新玉川線、半蔵門線用）が8500系である。1986年登場の9000系はGTO－VVVFインバーター制御、1999年登場の3000系、2002年登場の5000系からはIGBT－VVVFインバーター制御になった。2018年登場の2020系はVVVFインバーター制御、JR東日本E235系との車体仕様の共通化が図られ次世代の標準形車両である。

　東急は地下鉄との直通運転、立体化、地下化も積極的に推進され、2023年3月開通の東急新横浜線と相模鉄道との直通運転はその集大成である。本書で東急の魅力に触れていただければ幸いである。

2023年2月　山田 亮

日比谷線北千住～みなとみらい線元町・中華街間で「横浜みらい」号が運転された。
◎都立大学　2004（平成16）年5月4日　撮影：荻原俊夫